# OPEN NEAT

National English Ability Test

# READING

Level ➊

# 이 책의 구성과 특징

## 유형 미리 보기

Part마다 문제 유형별로 예시 문제부터
문제 해결하기까지 제시합니다.

문제 보기 - 문제 풀이 - 문제 파고들기 -
문제 해결하기의 흐름을 따라 가다 보면
문제 유형 파악 끝!

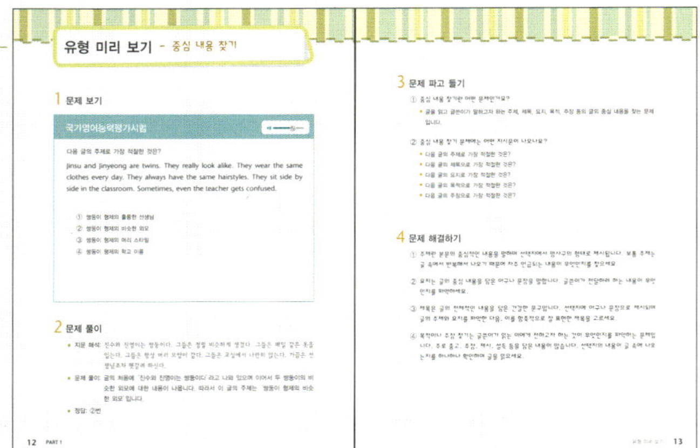

## 리딩 해법 – 해법 전략 문제

리딩 해법 문제를 푼 뒤, 다시 한 번 읽고
문제 해결에 필요한 전략을 배웁니다.

유형별로 무엇을 유념하여 읽어야 할 지
전략 분석 끝!

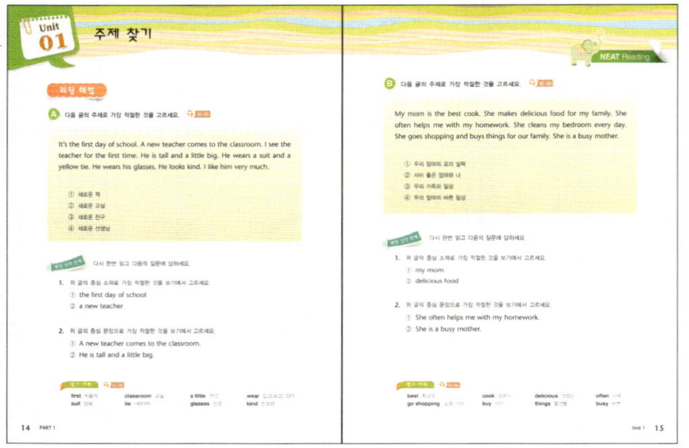

## 실전 유형 대비하기

4개의 문제를 통해
실전 유형에 대비합니다.
모든 문제에 지문은 물론 필수 어휘도
음성으로 제공됩니다.

많이 풀어 볼수록 실전 감각 상승!

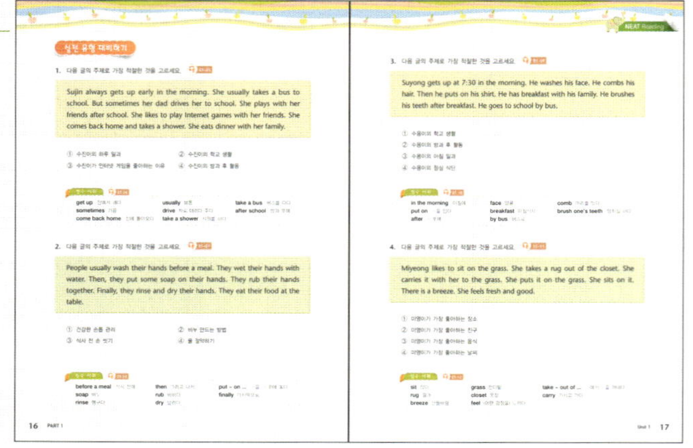

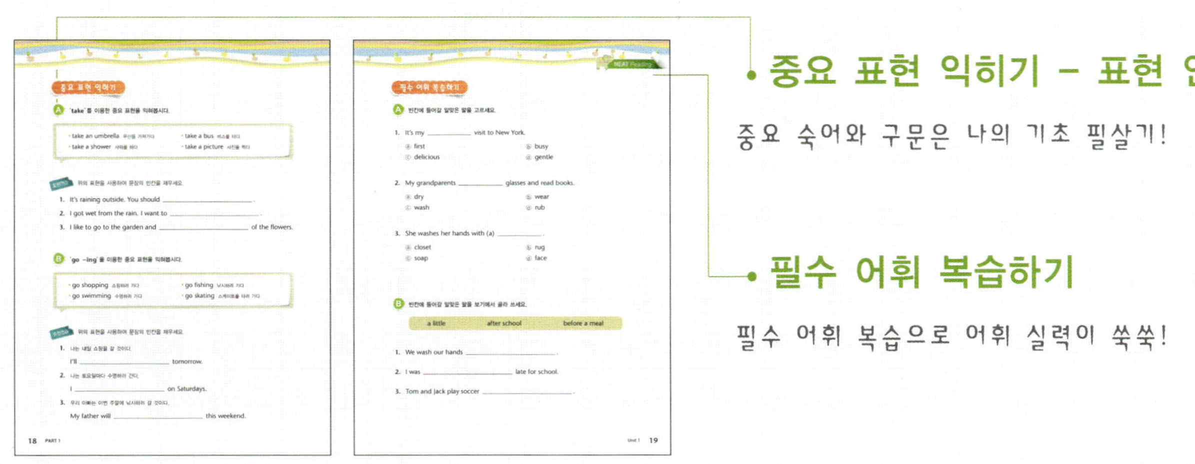

## 중요 표현 익히기 - 표현 연습

중요 숙어와 구문은 나의 기초 필살기!

## 필수 어휘 복습하기

필수 어휘 복습으로 어휘 실력이 쑥쑥!

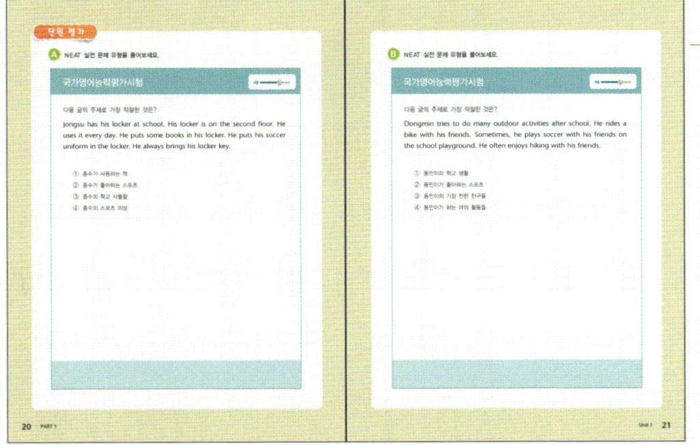

## 단원 평가

한 Unit이 끝날 때 마다 2개의 실전 유형
문제를 풀어봅니다.

실전 문제 유형에 익숙해지기 완료!

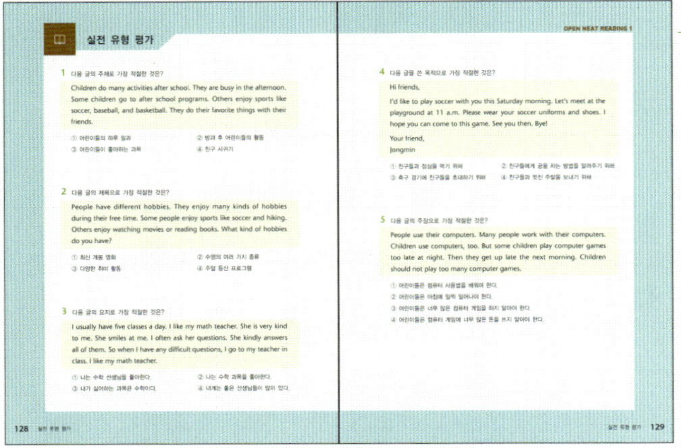

## 실전 유형 평가

12개의 Unit에서 배운 유형별 문제를
총망라한 12개의 문제를 풀어보며
나의 실전 유형 풀이 능력을 점검해봅니다.

NEAT READING 실력 만들기와
실전 감각 훈련 완성!

# OPEN NEAT Level ❶

# READING 📖 차례

# I. NEAT(National English Ability Test)란 무엇인가요?

### 1. NEAT의 개요

❀ NEAT란 국가영어능력평가의 영자 표기로 언어의 4가지 기능인 듣기, 읽기, 말하기, 쓰기를 모두 평가하고 그 중에서도 특히 말하기와 쓰기를 직접 평가함으로써 학생들이 실질적인 영어 의사 소통 능력을 기를 수 있도록 교육하고 이를 평가하는 시험입니다.

### 2. NEAT의 시험 방식

| 영역 | 시험 방식 |
| --- | --- |
| 듣기 | 헤드셋을 통해 듣고 읽으며 화면의 답안 선택 |
| 읽기 | 화면의 지문을 읽고 답안 선택 |
| 말하기 | 화면의 문제를 듣고 읽으며 헤드셋을 사용하여 직접 음성 답안 녹음 |
| 쓰기 | 화면의 문제를 보고 컴퓨터 키보드를 사용하여 직접 답안 입력 |

# II. NEAT 3급과 2급의 차이가 무엇인가요?

| 3급 | 2급 |
| --- | --- |
| 주로 일상 소재를 다루며 공교육 성취 수준과 일상 생활에 필요한 실용 영어 사용 능력을 평가합니다. | 기초 학술문을 포함한 일상 소재를 다루며 공교육 성취 수준과 대학에서 학업에 필요한 기본적인 영어 사용 능력을 평가합니다. |

★ 3급

| | 문제 유형 | 비율(%) | 문항 수 | 시험 시간 |
|---|---|---|---|---|
| 듣기 | 적절한 응답 찾기 | 15~20 | 32 | 40분 |
| | 주제, 제목, 요지, 목적, 의견 찾기 | 25~30 | | |
| | 내용 일치 / 불일치, 요청 (요구, 부탁한 일), 이유, 화자가 할 일 찾기 등 | 35~40 | | |
| | 그림 고르기, 그림 일치 / 불일치, 위치, 도표 정보 찾기 등 | 15~20 | | |
| 읽기 | 주제, 제목, 요지, 목적, 주장 찾기 | 30~35 | 32 | 50분 |
| | 세부 정보 파악 (내용 일치 / 불일치 등) | 30~35 | | |
| | 빈칸 채우기 | 15~20 | | |
| | 내용 또는 그림 순서 파악 | 10~15 | | |
| | 어구의 함축적 의미 / 지칭 추론 | 5~10 | | |
| 말하기 | 그림 보고 질문에 답하기 | | 1 (3개) | 15분 |
| | 연계 질문에 답하기 | | 1 (4개) | |
| | 그림 묘사하기 | | 1 | |
| | 문제 해결하기 | | 1 | |
| 쓰기 | 상황에 맞는 짧은 글쓰기 | | 1 | 35분 |
| | 그림의 세부 묘사 완성하기 | | 1 | |
| | 편지 쓰기 | | 1 | |
| | 그림 묘사 및 추론하여 글쓰기 | | 1 | |

* 시험 시간은 휴식 시간 등을 제외한 시간입니다.

★ 2급

| | 문제 유형 | 비율(%) | 문항 수 | 시험 시간 |
|---|---|---|---|---|
| 듣기 | 적절한 응답 찾기 | 10~15 | 32 | 40분 |
| | 주제, 제목, 요지, 목적, 의견 찾기 | 30~35 | | |
| | 내용 일치 / 불일치, 요청 (요구, 부탁한 일), 이유, 화자가 할 일 찾기 등 | 35~40 | | |
| | 위치, 도표 정보 찾기 등 | 15~20 | | |
| 읽기 | 주제, 제목, 요지, 목적, 주장 찾기 | 30~35 | 32 | 50분 |
| | 세부 정보 파악 (내용 일치 / 불일치 등) | 30~35 | | |
| | 빈칸 채우기 | 15~20 | | |
| | 문장 끼워 넣기 | 5~10 | | |
| | 내용 순서 파악 | 5~10 | | |
| | 어구의 함축적 의미 / 지칭 추론 | 5~10 | | |
| 말하기 | 연계 질문에 답하기 | | 1 (4개) | 15분 |
| | 그림 묘사하기 | | 1 | |
| | 발표하기 | | 1 | |
| | 문제 해결하기 | | 1 | |
| 쓰기 | 일상생활에 관한 글쓰기 | | 1 | 35분 |
| | 자신의 의견 쓰기 | | 1 | |

* 시험 시간은 휴식 시간 등을 제외한 시간입니다.

# III. NEAT 이런 점이 궁금해요.

## 1. NEAT 공부 따로 준비해야 하나요?

🔸 시험이란 막연히 공부하는 것이 아닙니다.
정확하게 무엇이 나오는지, 어떻게 푸는 건지를 알고 철저히 대비를 해야
능력껏 제 실력을 발휘할 수 있답니다.

## 2. NEAT 공부 언제부터 시작해야 하나요?

🔸 NEAT는 기존 수능의 듣기, 읽기 시험과는 달리 직접적으로 말하기와 쓰기를
평가하므로 '중학생이 되면 해야지', '고등학생 때 하면 되겠지'라고 생각하면 늦습니다.
영어 학습을 경험하는 순간부터가 NEAT 공부의 시작점입니다.

## 3. 영어로 말하고 쓰기에 자신이 없는데 어떡해야 하나요?

🔸 많은 연습만이 해결방법인데요, 직접 내 목소리를 녹음해서 들어보고,
간단한 것이더라도 영작해보는 습관을 들여보세요. 어떤 표현을 배웠다면
자꾸 소리 내어 말해 보고 영작하다 보면 자신감과 함께 실력도 쌓인답니다.

## 4. 컴퓨터로 보는 시험이라는데 어떻게 준비해야 하나요?

🔸 NEAT는 일반 학교에 설치된 컴퓨터실에서 인터넷을 통해
중앙센터서버에 접속하여 치르는 시험입니다.
그렇기에 영어로 타자 치는 것부터 키보드, 마우스, 헤드셋 등을
이용한 실제 컴퓨터 환경에서
훈련을 해두는 것이 필요합니다.

OPEN NEAT

# 중심 내용 찾기

## 차례

# 유형 미리 보기 – 중심 내용 찾기

## 1 문제 보기

### 국가영어능력평가시험

다음 글의 주제로 가장 적절한 것은?

Jinsu and Jinyeong are twins. They really look alike. They wear the same clothes every day. They always have the same hairstyles. They sit side by side in the classroom. Sometimes, even the teacher gets confused.

① 쌍둥이 형제의 훌륭한 선생님
② 쌍둥이 형제의 비슷한 외모
③ 쌍둥이 형제의 머리 스타일
④ 쌍둥이 형제의 학교 이름

## 2 문제 풀이

- **지문 해석:** 진수와 진영이는 쌍둥이다. 그들은 정말 비슷하게 생겼다. 그들은 매일 같은 옷을 입는다. 그들은 항상 머리 모양이 같다. 그들은 교실에서 나란히 앉는다. 가끔은 선생님조차 헷갈려 하신다.

- **문제 풀이:** 글의 처음에 '진수와 진영이는 쌍둥이다'라고 나와 있으며 이어서 두 쌍둥이의 비슷한 외모에 대한 내용이 나옵니다. 따라서 이 글의 주제는 '쌍둥이 형제의 비슷한 외모'입니다.

- **정답:** ②번

## 3 문제 파고 들기

① 중심 내용 찾기란 어떤 문제인가요?

- 글을 읽고 글쓴이가 말하고자 하는 주제, 제목, 요지, 목적, 주장 등의 글의 중심 내용을 찾는 문제입니다.

② 중심 내용 찾기 문제에는 어떤 지시문이 나오나요?

- 다음 글의 주제로 가장 적절한 것은?
- 다음 글의 제목으로 가장 적절한 것은?
- 다음 글의 요지로 가장 적절한 것은?
- 다음 글의 목적으로 가장 적절한 것은?
- 다음 글의 주장으로 가장 적절한 것은?

## 4 문제 해결하기

① 주제란 본문의 중심적인 내용을 말하며 선택지에서 명사구의 형태로 제시됩니다. 보통 주제는 글 속에서 반복해서 나오기 때문에 자주 언급되는 내용이 무엇인지를 찾으세요.

② 요지는 글의 중심 내용을 담은 어구나 문장을 말합니다. 글쓴이가 전달하려 하는 내용이 무엇인지를 파악하세요.

③ 제목은 글의 전체적인 내용을 담은 간결한 문구입니다. 선택지에 어구나 문장으로 제시되며 글의 주제와 요지를 파악한 다음, 이를 함축적으로 잘 표현한 제목을 고르세요.

④ 목적이나 주장 찾기는 글쓴이가 읽는 이에게 전하고자 하는 것이 무엇인지를 파악하는 문제입니다. 주로 충고, 주장, 제시, 설득 등을 담은 내용이 많습니다. 선택지의 내용이 글 속에 나오는지를 하나하나 확인하며 글을 읽으세요.

# 주제 찾기

 리딩 해법

**A** 다음 글의 주제로 가장 적절한 것을 고르세요.  01-01

It's the first day of school. A new teacher comes to the classroom. I see the teacher for the first time. He is tall and a little big. He wears a suit and a yellow tie. He wears his glasses. He looks kind. I like him very much.

① 새로운 책
② 새로운 교실
③ 새로운 친구
④ 새로운 선생님

 해법 전략 문제    다시 한번 읽고 다음의 질문에 답하세요.

**1.** 위 글의 중심 소재로 가장 적절한 것을 보기에서 고르세요.

① the first day of school
② a new teacher

**2.** 위 글의 중심 문장으로 가장 적절한 것을 보기에서 고르세요.

① A new teacher comes to the classroom.
② He is tall and a little big.

 필수 어휘   01-02

| | | | |
|---|---|---|---|
| **first** 처음의 | **classroom** 교실 | **a little** 약간 | **wear** 입고[쓰고] 있다 |
| **suit** 양복 | **tie** (넥)타이 | **glasses** 안경 | **kind** 친절한 |

 **B** 다음 글의 주제로 가장 적절한 것을 고르세요.  01-03

My mom is the best cook. She makes delicious food for my family. She often helps me with my homework. She cleans my bedroom every day. She goes shopping and buys things for our family. She is a busy mother.

① 우리 엄마의 요리 실력
② 사이 좋은 엄마와 나
③ 우리 가족의 일상
④ 우리 엄마의 바쁜 일상

 **해법 전략 문제** 다시 한번 읽고 다음의 질문에 답하세요.

1. 위 글의 중심 소재로 가장 적절한 것을 보기에서 고르세요.

① my mom
② delicious food

2. 위 글의 중심 문장으로 가장 적절한 것을 보기에서 고르세요.

① She often helps me with my homework.
② She is a busy mother.

 **필수 어휘** 01-04

| | | | |
|---|---|---|---|
| **best** 최고의 | **cook** 요리사 | **delicious** 맛있는 | **often** 자주 |
| **go shopping** 쇼핑 가다 | **buy** 사다 | **things** 물건들 | **busy** 바쁜 |

**1.** 다음 글의 주제로 가장 적절한 것을 고르세요.  01-05

> Sujin always gets up early in the morning. She usually takes a bus to school. But sometimes her dad drives her to school. She plays with her friends after school. She likes to play Internet games with her friends. She comes back home and takes a shower. She eats dinner with her family.

① 수진이의 하루 일과
② 수진이의 학교 생활
③ 수진이가 인터넷 게임을 좋아하는 이유
④ 수진이의 방과 후 활동

**필수 어휘**  01-06

| | | |
|---|---|---|
| **get up** 잠에서 깨다 | **usually** 보통 | **take a bus** 버스를 타다 |
| **sometimes** 가끔 | **drive** 차로 데려다 주다 | **after school** 방과 후에 |
| **come back home** 집에 돌아오다 | **take a shower** 샤워를 하다 | |

**2.** 다음 글의 주제로 가장 적절한 것을 고르세요.  01-07

> People usually wash their hands before a meal. They wet their hands with water. Then, they put some soap on their hands. They rub their hands together. Finally, they rinse and dry their hands. They eat their food at the table.

① 건강한 손톱 관리
② 비누 만드는 방법
③ 식사 전 손 씻기
④ 물 절약하기

**필수 어휘**  01-08

| | | |
|---|---|---|
| **before a meal** 식사 전에 | **then** 그리고 나서 | **put ~ on ...** ~을 … 위에 놓다 |
| **soap** 비누 | **rub** 비비다 | **finally** 마지막으로 |
| **rinse** 헹구다 | **dry** 말리다 | |

**3.** 다음 글의 주제로 가장 적절한 것을 고르세요.  01-09

Suyong gets up at 7:30 in the morning. He washes his face. He combs his hair. Then he puts on his shirt. He has breakfast with his family. He brushes his teeth after breakfast. He goes to school by bus.

① 수용이의 학교 생활

② 수용이의 방과 후 활동

③ 수용이의 아침 일과

④ 수용이의 점심 식단

**필수 어휘**  01-10

| | | |
|---|---|---|
| **in the morning** 아침에 | **face** 얼굴 | **comb** 머리를 빗다 |
| **put on** ~을 입다 | **breakfast** 아침식사 | **brush one's teeth** 양치질 하다 |
| **after** ~ 후에 | **by bus** 버스로 | |

**4.** 다음 글의 주제로 가장 적절한 것을 고르세요.  01-11

Miyeong likes to sit on the grass. She takes a rug out of the closet. She carries it with her to the grass. She puts it on the grass. She sits on it. There is a breeze. She feels fresh and good.

① 미영이가 가장 좋아하는 장소

② 미영이가 가장 좋아하는 친구

③ 미영이가 가장 좋아하는 음식

④ 미영이가 가장 좋아하는 날씨

**필수 어휘**  01-12

| | | |
|---|---|---|
| **sit** 앉다 | **grass** 잔디밭 | **take ~ out of ...** …에서 ~을 꺼내다 |
| **rug** 깔개 | **closet** 옷장 | **carry** 가지고 가다 |
| **breeze** 산들바람 | **feel** (어떤 감정을) 느끼다 | |

## 중요 표현 익히기

**A** 'take'를 이용한 중요 표현을 익혀봅시다.

- take an umbrella  우산을 가져가다
- take a bus  버스를 타다
- take a shower  샤워를 하다
- take a picture  사진을 찍다

 위의 표현을 사용하여 문장의 빈칸을 채우세요.

1. It's raining outside. You should _______________________.

2. I got wet from the rain. I want to _______________________.

3. I like to go to the garden and _______________________ of the flowers.

**B** 'go −ing'을 이용한 중요 표현을 익혀봅시다.

- go shopping  쇼핑하러 가다
- go fishing  낚시하러 가다
- go swimming  수영하러 가다
- go skating  스케이트를 타러 가다

 위의 표현을 사용하여 문장의 빈칸을 채우세요.

1. 나는 내일 쇼핑을 갈 것이다.

   I'll _______________________ tomorrow.

2. 나는 토요일마다 수영하러 간다.

   I _______________________ on Saturdays.

3. 우리 아빠는 이번 주말에 낚시하러 갈 것이다.

   My father will _______________________ this weekend.

## 필수 어휘 복습하기

**A** 빈칸에 들어갈 알맞은 말을 고르세요.

1. It's my ____________ visit to New York.

   ⓐ first  ⓑ busy
   ⓒ delicious  ⓓ gentle

2. My grandparents ____________ glasses and read books.

   ⓐ dry  ⓑ wear
   ⓒ wash  ⓓ rub

3. She washes her hands with (a) ____________ .

   ⓐ closet  ⓑ rug
   ⓒ soap  ⓓ face

**B** 빈칸에 들어갈 알맞은 말을 보기에서 골라 쓰세요.

| a little | after school | before a meal |
| --- | --- | --- |

1. We wash our hands ____________________________ .

2. I was ____________________________ late for school.

3. Tom and Jack play soccer ____________________________ .

 NEAT 실전 문제 유형을 풀어보세요.

## 국가영어능력평가시험

다음 글의 주제로 가장 적절한 것은?

Jongsu has his locker at school. His locker is on the second floor. He uses it every day. He puts some books in his locker. He puts his soccer uniform in the locker. He always brings his locker key.

① 종수가 사용하는 책
② 종수가 좋아하는 스포츠
③ 종수의 학교 사물함
④ 종수의 스포츠 의상

## 국가영어능력평가시험 

다음 글의 주제로 가장 적절한 것은?

Dongmin tries to do many outdoor activities after school. He rides a bike with his friends. Sometimes, he plays soccer with his friends on the school playground. He often enjoys hiking with his friends.

① 동민이의 학교 생활
② 동민이가 좋아하는 스포츠
③ 동민이의 가장 친한 친구들
④ 동민이가 하는 야외 활동들

# 요지 찾기



**A** 다음 글의 요지로 가장 적절한 것을 고르세요.  02-01

Flowers are beautiful. Flowers smell good. So people like flowers. Many people grow flowers by themselves. Some people grow flowers in their garden. Others grow flowering plants in their houses or in their offices.

① 꽃들은 좋은 냄새가 난다.
② 많은 사람들이 꽃을 기른다.
③ 꽃을 관리하는 방법에는 여러 가지가 있다.
④ 집에서 식물을 기르면 여러 좋은 효과가 있다.

 다시 한번 읽고 다음의 질문에 답하세요.

**1.** 위 글의 중심 소재로 가장 적절한 것을 보기에서 고르세요.

① flowers
② garden

**2.** 위 글의 중심 문장으로 가장 적절한 것을 보기에서 고르세요.

① Flowers are beautiful.
② Many people grow flowers by themselves.

  02-02

| | | |
|---|---|---|
| **smell** (어떤) 냄새가 나다 | **grow** 기르다 | **by themselves** 그들이 직접 |
| **some people** 어떤 사람들 | **garden** 정원 | **others** 다른 사람들 |
| **plant** 식물 | **office** 사무실 | |

 **B** 다음 글의 요지로 가장 적절한 것을 고르세요.  02-03

Water and air are important for people and plants. People need water. Plants need water, too. People need air. Plants need air, too. However, people need food, but plants don't need food. Instead, plants need sunlight.

① 사람과 식물에게 물과 공기는 중요하다.
② 사람에게 음식은 매우 중요하다.
③ 사람들은 물 없이 살 수 없다.
④ 식물이 성장하는 데 햇빛이 가장 중요하다.

 다시 한번 읽고 다음의 질문에 답하세요.

**1.** 위 글의 중심 소재로 가장 적절한 것을 보기에서 고르세요.

① water and air
② food and sunlight

**2.** 위 글의 중심 문장으로 가장 적절한 것을 보기에서 고르세요.

① Water and air are important for people and plants.
② Instead, plants need sunlight.

**필수 어휘**  02-04

| | | | |
|---|---|---|---|
| **air** 공기 | **important** 중요한 | **plant** 식물 | **need** 필요하다 |
| **however** 그러나, 하지만 | **instead** 그 대신에 | **sunlight** 햇빛 | |

**1.** 다음 글의 요지로 가장 적절한 것을 고르세요.  02-05

> It is windy today. It is cloudy and dark. The sun hides behind the clouds. It starts raining. The rain falls on my clothes. I don't have an umbrella. I get wet in the rain. I don't like rainy days because I can't play outside.

① 오늘의 날씨는 맑다.

② 비를 맞으면 감기에 걸릴 수 있다.

③ 비가 오면 우산이 필요하다.

④ 나는 비 오는 날을 좋아하지 않는다.

 필수 어휘  02-06

| | | | |
|---|---|---|---|
| **windy** 바람이 부는 | **cloudy** 구름이 낀 | **dark** 어두운 | **hide** 숨다 |
| **behind** ~ 뒤에 | **start –ing** ~하기 시작하다 | **get wet** 젖다 | **because** 왜냐하면 |

**2.** 다음 글의 요지로 가장 적절한 것을 고르세요.  02-07

> My school has a library. There are many books in the library. I like reading. I often go there and read books. I can borrow the books. I can study there. I can use a computer there, too. The school library is good for me.

① 나의 학교에는 여러 가지 시설이 있다.

② 누구나 도서관에서 책을 빌릴 수 있다.

③ 도서관에 컴퓨터가 많이 있다.

④ 학교 도서관은 나에게 유익하다.

필수 어휘  02-08

| | | |
|---|---|---|
| **library** 도서관 | **like –ing** ~하는 것을 좋아하다 | **often** 자주 |
| **borrow** 빌리다 | **use** 사용하다 | **good** 좋은, 유익한 |

**3.** 다음 글의 요지로 가장 적절한 것을 고르세요. 02-09

Jinsu is a child. He has a pet dog. He likes his dog very much. Every morning, he takes his dog to the park. And they go jogging together. His dog is cute and wise. The pet dog is his best friend.

① 진수는 성격이 명랑하다.

② 애완견은 진수의 가장 친한 친구이다.

③ 진수는 매일 아침 애완견과 운동한다.

④ 진수는 아침에 무척 바쁘다.

**필수 어휘** 02-10

| | | | |
|---|---|---|---|
| **child** 아이 | **pet** 애완 동물 | **every morning** 매일 아침 | **take** 데려가다 |
| **go jogging** 달리다 | **cute** 귀여운 | **wise** 영리한, 똑똑한 | **best friend** 가장 친한 친구 |

**4.** 다음 글의 요지로 가장 적절한 것을 고르세요. 02-11

I often climb a mountain with my family. We bring some snacks and drinks in our bags. We enjoy lunch together in the picnic area. When I climb the mountain, I feel tired. However, when I get to the top of the mountain, I feel great.

① 우리 가족의 취미는 캠핑이다.

② 등산은 건강에 좋다.

③ 산 꼭대기에 오르면 기분이 좋다.

④ 등산할 때 도시락을 꼭 챙겨야 한다.

**필수 어휘** 02-12

| | | |
|---|---|---|
| **climb** ~에 오르다 | **mountain** 산 | **bring** 가져가다 |
| **picnic area** 피크닉 장소 | **tired** 힘든 | **however** 그러나 | **the top of** ~의 꼭대기 |

 **A** 'start −ing / start to ~'를 이용한 중요 표현을 익혀봅시다.

> I **started studying** English.　=　I **started to study** English.
>
> 나는 영어 공부하는 것을 시작하였다.　　나는 영어 공부하는 것을 시작하였다.

 위의 표현을 이용하여 주어진 문장과 같은 뜻이 되도록 빈칸을 채우세요.

1. He starts working at the shop. = He starts ___________________ at the shop.

2. I started taking a shower. = I started ___________________ a shower.

3. We started laughing. = We started ___________________ .

**B** 'like −ing / like to ~'를 이용한 중요 표현을 익혀봅시다.

> I **like listening** to classical music.　=　I **like to listen** to classical music.
>
> 나는 클래식 음악 듣는 것을 좋아한다.　　나는 클래식 음악 듣는 것을 좋아한다.

 위의 표현을 이용하여 주어진 문장과 같은 뜻이 되도록 빈칸을 채우세요.

1. Sumi likes to read stories. = Sumi likes ___________________ stories.

2. We like to play on the playground. = We like ___________________ on the playground.

3. My mom likes to try new food. = My mom likes ___________________ new food.

## 필수 어휘 복습하기

**A** 빈칸에 들어갈 알맞은 말을 고르세요.

**1.** The flowers ______________ very good.

ⓐ need　　　　　　　　　　ⓑ use
ⓒ borrow　　　　　　　　　ⓓ smell

**2.** It's ______________ today. Put your jacket on!

ⓐ wise　　　　　　　　　　ⓑ cute
ⓒ windy　　　　　　　　　ⓓ dark

**3.** We ______________ a mountain every weekend.

ⓐ take　　　　　　　　　　ⓑ climb
ⓒ use　　　　　　　　　　ⓓ bring

**B** 빈칸에 들어갈 알맞은 말을 보기에서 골라 쓰세요.

| grows | hides | borrow |
| --- | --- | --- |

**1.** I ______________ some books from the library.

**2.** Mom ______________ many plants in the garden.

**3.** My younger brother often ______________ under the bed.

 NEAT 실전 문제 유형을 풀어보세요.

## 국가영어능력평가시험 

다음 글의 요지로 가장 적절한 것은?

My school rules. We must be quiet in class. We have to listen to our teacher. We should not run in the hallway because we may slip and fall on the floor. We should not fight with our friends. All students must follow the school rules.

① 선생님의 말씀을 잘 들어야 한다.
② 복도에서 뛰는 것은 매우 위험하다.
③ 친구와의 우정은 중요하다.
④ 우리는 학교 규칙을 따라야 한다.

 NEAT 실전 문제 유형을 풀어보세요.

## 국가영어능력평가시험

다음 글의 요지로 가장 적절한 것은?

Water is important. We drink water every day. We use water to wash and take showers. We use water for cooking, too. All people need water to live, but there is not enough water to use. We should not waste water.

① 하루에 세 컵 이상 물을 마시는 게 필요하다.
② 우리는 매일 먹을 물이 필요하다.
③ 지구의 환경 오염이 심각하다.
④ 물이 부족하므로 물을 낭비해선 안 된다.

# 제목 찾기

 **리딩 해법**

**A** 다음 글의 제목으로 가장 적절한 것을 고르세요.  03-01

I like animals. I often go to the zoo. I can see many animals in the zoo. Many kinds of animals live in the zoo. Monkeys are cute and wise. Tigers walk around the rocks. Giraffes have long necks. Elephants have long trunks.

① 원숭이와 코끼리의 차이점　　② 동물원의 다양한 동물들
③ 동물들의 왕 사자　　④ 동물들의 겨울잠

 다시 한번 읽고 다음의 질문에 답하세요.

**1.** 위 글의 중심 소재로 가장 적절한 것을 보기에서 고르세요.

① the zoo

② elephants

**2.** 위 글의 중심 문장으로 가장 적절한 것을 보기에서 고르세요.

① Many kinds of animals live in the zoo.

② Elephants have long noses.

**필수 어휘**  03-02

| | | |
|---|---|---|
| **often** 자주 | **zoo** 동물원 | **many kinds of** 많은 종류의 |
| **cute** 귀여운 | **wise** 영리한 | **walk around** ~ 주변을 돌아다니다　**trunk** 코끼리의 코 |

 **B** 다음 글의 제목으로 가장 적절한 것을 고르세요.  03-03

My family works together. We help each other. My dad takes out the garbage in the morning. And he often helps my mom cook. My mom washes the dishes. My sister does the laundry. I clean my room. I am happy to live with a good family.

① 서로 돕는 우리 가족
② 다정한 우리 엄마와 아빠
③ 우리 가족 소개
④ 우리 아빠의 직업

 다시 한번 읽고 다음의 질문에 답하세요.

1. 위 글의 중심 소재로 가장 적절한 것을 보기에서 고르세요.

   ① my mom and dad
   ② my family

2. 위 글의 중심 문장으로 가장 적절한 것을 보기에서 고르세요.

   ① My family help each other.
   ② My mom washes the dishes.

 필수 어휘  03-04

| | | | |
|---|---|---|---|
| **family** 가족 | **together** 함께 | **each other** 서로 | **take out** 밖에 내놓다 |
| **garbage** 쓰레기 | **wash the dishes** 설거지하다 | **do the laundry** 빨래를 하다 | |

**1.** 다음 글의 제목으로 가장 적절한 것을 고르세요.  03-05

> My sister is sick today. She has a fever. She stays in bed because she has a cold. My mom brings soup, but she cannot eat it. She cannot come out of bed. She cannot drink anything. She cannot sleep well. She needs to see a doctor.

① 감기에 걸린 내 여동생　　② 내 여동생의 방학 생활

③ 내 여동생의 착한 마음　　④ 내 여동생의 방 꾸미기

**필수 어휘**  03-06

**sick** 아픈　　**fever** 열　　**stay in bed** 침대에 있다
**have a cold** 감기에 걸리다　　**bring** 가져다 주다　　**out of** ~의 밖으로
**anything** 어떤 것도　　**see a doctor** 의사에게 진찰받다

**2.** 다음 글의 제목으로 가장 적절한 것을 고르세요.  03-07

> Children's Day is a special day for children. Children's Day is on May 5th in South Korea. Children have no classes because it is a holiday. Children get gifts from their parents. There are many kinds of events for children. They spend a great day with their parents.

① 어린이날의 다양한 축하 공연들　　② 어린이들이 받고 싶은 선물들

③ 한국의 어린이날　　④ 어린이들의 장래 희망

**필수 어휘**  03-08

**Children's Day** 어린이날　　**special** 특별한　　**holiday** 공휴일
**parents** 부모님　　**event** 행사　　**spend** 시간을 보내다

**3.** 다음 글의 제목으로 가장 적절한 것을 고르세요.  03-09

I like strawberry jam. My mom makes strawberry jam for me. She buys fresh strawberries and crushes them with sugar. I put strawberry jam on toast and crackers. I love my mom's homemade strawberry jam.

① 우리나라의 다양한 과일 종류

② 내가 좋아하는 빵의 종류

③ 엄마가 만들어 주시는 맛있는 딸기 잼

④ 빵을 맛있게 먹는 방법

**필수 어휘** 03-10

| | | |
|---|---|---|
| **strawberry jam** 딸기 잼 | **strawberries** 딸기들 | **crush** 으깨다 |
| **sugar** 설탕 | **toast** 토스트 | **homemade** 집에서 만든 |

**4.** 다음 글의 제목으로 가장 적절한 것을 고르세요.  03-11

Mr. John and Ms. Cathy are my teachers. Mr. John is my math teacher. Sometimes he gives me a lot of homework, but he explains math very well. Ms. Cathy is my English teacher. She is kind and always smiles at me. I like my teachers.

① 내가 좋아하는 선생님들

② 무서운 우리 학교 교장 선생님

③ 내가 좋아하는 과목들

④ 재미있는 수학과 영어

**필수 어휘** 03-12

**Mr.** (남성) ~씨   **Ms.** (여성) ~씨   **explain** 설명하다   **smile at** ~에게 미소 짓다

 **A** 'can / cannot'을 이용한 중요 표현을 익혀 봅시다.

- I **can** jump high.
- She **can** play the flute.
- I **cannot** / **can't** jump high.
- She **cannot** / **can't** play the flute.

 위의 표현을 사용하여 문장의 빈칸을 채우세요.

**1.** 나는 영어를 말할 수 있다. ⇒ I _____________ speak English.

**2.** 그는 운전을 할 줄 모른다. ⇒ He _____________ drive a car.

**3.** 코끼리는 나무에 못 오른다. ⇒ An elephant _____________ climb a tree.

**B** 집안일에 관한 중요 표현을 익혀 봅시다.

- **do the laundry** 빨래를 하다
- **wash the dishes** 설거지하다
- **sweep the floor** 바닥을 빗자루로 쓸다
- **mop the floor** 바닥을 대걸레로 닦다

위의 표현을 사용하여 문장의 빈칸을 채우세요.

**1.** 나는 일주일에 한번 빨래를 한다.

I _____________ once a week.

**2.** 나는 엄마가 설거지하는 것을 돕는다.

I help my mom _____________ .

**3.** 나와 내 남동생은 매주 바닥을 빗자루로 쓴다.

My brother and I _____________ every week.

## 필수 어휘 복습하기

**A** 빈칸에 들어갈 알맞은 말을 고르세요.

1. Tom is ______________ . He is resting in bed.

   ⓐ sick

   ⓑ cute

   ⓒ wise

   ⓓ special

2. I often ______________ time with Lisa.

   ⓐ explain

   ⓑ bring

   ⓒ crush

   ⓓ spend

3. Don't put too much ______________ in your tea.

   ⓐ toast

   ⓑ fever

   ⓒ sugar

   ⓓ trunk

**B** 빈칸에 들어갈 알맞은 말을 보기에서 골라 쓰세요.

| garbage | holiday | parents |
|---|---|---|

1. Dad usually takes out the ______________ at night.

2. What do your ______________ do?

3. Christmas is my favorite ______________ .

**A** NEAT 실전 문제 유형을 풀어보세요.

## 국가영어능력평가시험

다음 글의 제목으로 가장 적절한 것은?

I like to read books. I read books at home and at school. I have a lot of books in my house. On my birthdays, my mother always buys me new books. Before I go to bed, I always read a story. Books are my best friends.

① 최신 인기 도서
② 나의 독서 모임
③ 재미있는 책 읽기
④ 독서가 꼭 필요한 이유

## 국가영어능력평가시험 

다음 글의 제목으로 가장 적절한 것은?

I like my family. There are four people in my family. My dad is an English teacher. My mom is a nurse. She works in a hospital. I have a sister. She is tall and pretty. I have a happy family.

① 자랑스러운 우리 아빠
② 우리 엄마의 직업
③ 예쁜 여동생
④ 행복한 우리 가족

# Unit 04 — 목적 찾기

 **리딩 해법**

**A** 다음 글의 목적으로 가장 적절한 것을 고르세요.  04-01

Hello Minji,

Do you want to go to the zoo with me? There are many different kinds of animals like kangaroos, elephants, lions, and tigers. We can see funny monkeys there, too. I want to go to the zoo with you. Please let me know. Bye!

Sincerely,
Jongmin

① 애완동물을 길러보라고 하기 위해    ② 불쌍한 동물들을 돕자고 하기 위해

③ 동물원의 여러 동물 종류를 알리기 위해    ④ 친구에게 함께 동물원에 가자고 하기 위해

 **해법 전략 문제**  다시 한번 읽고 다음의 질문에 답하세요.

1. 위 글의 중심 소재로 가장 적절한 것을 보기에서 고르세요.

    ① the zoo    ② funny monkeys

2. 위 글을 쓴 목적이 가장 잘 드러난 문장을 고르세요.

    ① We can see funny monkeys there, too.
    ② I want to go to the zoo with you.

**필수 어휘**  04-02

**many different** 많은 다양한          **kinds of** ~의 종류들
**funny** 웃기는; 재미있는              **Please let me know.** 나에게 알려줘.

 **B** 다음 글의 목적으로 가장 적절한 것을 고르세요.  04-03

Please visit our World Amusement Park this Saturday. World Amusement Park opens this Saturday. Children under 13 years old can get free tickets for a roller coaster. Visit us and have a lot of fun this Saturday!

① World Amusement Park의 새로운 놀이기구를 알리기 위해
② World Amusement Park의 개장 행사에 초대하기 위해
③ World Amusement Park의 쉬는 날을 알리기 위해
④ World Amusement Park의 입장료 가격을 알리기 위해

 다시 한번 읽고 다음의 질문에 답하세요.

1. 위 글의 중심 소재로 가장 적절한 것을 보기에서 고르세요.

   ① World Amusement Park
   ② roller coasters

2. 위 글을 쓴 목적이 가장 잘 드러난 문장을 고르세요.

   ① Children under 13 years old can get free tickets.
   ② Visit us and have a lot of fun this Saturday!

 **필수 어휘**  04-04

| | | |
|---|---|---|
| **visit** (장소에) 오다 | **amusement park** 놀이공원 | **open** 개장하다 |
| **under** ~ 미만의 | **free ticket** 무료 입장권 | **roller coaster** 롤러코스터 |

**1.** 다음 글의 목적으로 가장 적절한 것을 고르세요.  04-05

Hi Sally,

This Friday, Sarah and I will see the movie, "Dancing Queen." Everyone says it is great. The movie starts at 6:30 p.m. We want to see the movie with you. Please call me if you want to join us. See you later.

Best regards,
Emily

① 영화 "Dancing Queen"을 소개하기 위해  ② 함께 영화를 보러 가자고 하기 위해

③ 오늘 오후 6시 30분에 만나기 위해  ④ 친구가 무엇을 하고 있는지 알아보기 위해

**필수 어휘**  04-06

| | | |
|---|---|---|
| **will** ~할 것이다 | **everyone** 모든 사람 | **great** 굉장한 |
| **call** 전화하다 | **if** 만약 ~한다면 | **join** 함께 하다 |

**2.** 다음 글의 목적으로 가장 적절한 것을 고르세요.  04-07

Some children run and pick up a ball on the road. But a lot of cars are driving at full speed on the road. So some children may have accidents. Children should not play on the road.

① 어린이들에게 도로에서 놀지 말라고 주의를 주기 위해

② 어린이들이 어떤 스포츠를 좋아하는지 알리기 위해

③ 공놀이를 할 때는 넓은 곳에서 하라고 알리기 위해

④ 길을 건널 때 신호등을 꼭 지키라고 주의를 주기 위해

**필수 어휘**  04-08

| | | |
|---|---|---|
| **pick up** 줍다 | **road** 도로 | **at full speed** 전속력으로 |
| **may** ~할 수도 있다 | **have accidents** 사고를 당하다 | **should not** ~하면 안 된다 |

**3.** 다음 글의 목적으로 가장 적절한 것을 고르세요.  04-09

Some children play computer games too late at night. Then they get up late in the morning. So these children may be late for school and feel tired all day. Children should go to bed early. They need at least eight hours of sleep each night.

① 아이들이 컴퓨터 게임을 너무 많이 한다는 것을 알리기 위해

② 어린이들은 적어도 10시간 이상 자야 한다고 알기리 위해

③ 어린이들이 일찍 잠자리에 들도록 당부하기 위해

④ 학생들이 지각을 많이 한다는 것을 알리기 위해

**필수 어휘**  04-10

| | | |
|---|---|---|
| **late** 늦게까지 | **be late for** ~에 지각하다 | **feel tired** 피곤함을 느끼다 |
| **all day** 하루 종일 | **early** 일찍 | **at least** 적어도 |

**4.** 다음 글의 목적으로 가장 적절한 것을 고르세요.  04-11

We are having our Sports Day this Saturday. We will play many sports. There will be soccer and basketball games. Also we can run in races with our friends. Why don't you join and play with us? I am sure that we will have a great time together.

① 스포츠 행사에 친구들을 초대하기 위해

② 달리기를 하면 건강에 좋다고 말하기 위해

③ 친구에게 농구를 할 수 있는지 물어보기 위해

④ 스포츠 행사의 날짜를 알리기 위해

**필수 어휘**  04-12

| | | |
|---|---|---|
| **sports** 경기 | **also** 또한 | **run in a race** 달리기 경주를 하다 |
| **Why don't you~?** ~하는 게 어때? | **I am sure that ~.** ~하리라 믿어. | **together** 함께 |

 **A** 'play'를 이용한 중요 표현을 익혀봅시다.

- play soccer  축구하다
- play the piano  피아노를 연주하다
- play basketball  농구하다
- play the violin  바이올린을 연주하다

 표현연습  위의 표현을 사용하여 문장의 빈칸을 채우세요.

**1.** 나는 친한 친구들과 농구하는 것을 좋아한다.

I like to _________________________ with my close friends.

**2.** 나의 누나들은 매일 피아노를 연주한다.

My sisters _________________________ every day.

**3.** 우리는 방과 후에 축구를 한다.

We _________________________ after school.

**B** 'There is / There are'를 이용한 중요 표현을 익혀봅시다.

- **There is** a book on the desk.
- **There is** a tall building.
- **There are** some books on the desk.
- **There are** tall buildings.

 표현연습  위의 표현을 사용하여 문장의 빈칸을 채우세요.

**1.** _________________________ a clock on the wall.

**2.** _________________________ many stars in the sky.

**3.** _________________________ five students in the classroom.

## 필수 어휘 복습하기

**A**  빈칸에 들어갈 알맞은 말을 고르세요.

1. The stores ______________ at 10:00 a.m.

   ⓐ take                    ⓑ visit
   ⓒ open                    ⓓ join

2. The cheetah runs at full ______________ .

   ⓐ accident                ⓑ sport
   ⓒ roller coaster          ⓓ speed

3. Why ______________ you rest? You look sick.

   ⓐ shouldn't               ⓑ don't
   ⓒ will                    ⓓ may not

**B**  빈칸에 들어갈 알맞은 말을 보기에서 골라 쓰세요.

| amusement park | free ticket | road |
| --- | --- | --- |

1. Minsu has a ______________________ for the new movie.

2. I like to go to the ______________________ with my friends.

3. Be careful! The ______________________ is wet.

**A** NEAT 실전 문제 유형을 풀어보세요.

## 국가영어능력평가시험

다음 글의 목적으로 가장 적절한 것은?

This Wednesday is Teacher's Day. Let's plan a party for our teacher. We will write Thank You messages on the board. Also we will decorate our classroom with balloons and paintings. Our teacher will be happy. Let's enjoy the party together!

① 스승의 날 파티를 함께 준비하자고 하기 위해
② 스승의 날 선생님께 드릴 선물을 가져오라고 하기 위해
③ 스승의 날에 수업이 없음을 알리기 위해
④ 스승의 날 선생님께 드릴 카드를 써오라고 하기 위해

## 국가영어능력평가시험 

다음 글의 목적으로 가장 적절한 것은?

Dear Sujin,

Do you know Viva Swimming Pool opened yesterday? For the opening event, children under 13 get 50% off tickets. And also they give free lunch to everybody. Let's go there together tomorrow. See you!

Sincerely,
Minji

① 새로 문을 연 수영장의 시설을 알리기 위해
② 어린들에게 수영을 권장하기 위해
③ 새로 문을 연 수영장에 함께 가자고 하기 위해
④ 무료 점심을 먹으러 가자고 하기 위해

# Unit 05

# 주장 찾기

 **A** 다음 글의 주장으로 가장 적절한 것을 고르세요.  05-01

There are a lot of people in our city. I am one of them. You are one of them. Sometimes we fight with each other. But this is not good for our city. We need a good friendship with each other. Then we can live happily together.

① 이웃들과 사이 좋게 지내야 한다.　② 도시의 사람들이 줄어들어야 한다.

③ 때로는 이웃들과 싸워야 한다.　④ 이웃들에게 무관심한 편이 더 낫다.

 다시 한번 읽고 다음의 질문에 답하세요.

1. 위 글의 중심 소재로 가장 적절한 것을 보기에서 고르세요.

    ① a lot of people

    ② good friendship

2. 글쓴이의 주장이 가장 잘 드러난 문장을 고르세요.

    ① We need a good friendship with each other.

    ② Sometimes we fight with each other.

  05-02

| | | |
|---|---|---|
| **city** 도시 | **one of them** 그들 중 한 명 | **fight with** ~와 싸우다 |
| **each other** 서로 | **friendship** 우정 | **happily** 행복하게 |

**B** 다음 글의 주장으로 가장 적절한 것을 고르세요.  05-03

We learn a lot of things at school. Sometimes this is not great fun. Some students don't like science. Others hate music. A lot of students don't like math. But all these things are important. So we need to study all the subjects very hard.

① 학교에서 가르치는 과목 수를 줄여야 한다.
② 학교에서 배우는 모든 과목을 열심히 해야 한다.
③ 좋은 일을 하기 위해서는 공부를 많이 해야 한다.
④ 공부보다 더 재미있는 일을 찾아야 한다.

 다시 한번 읽고 다음의 질문에 답하세요.

1. 위 글의 중심 소재로 가장 적절한 것을 보기에서 고르세요.

   ① school subjects
   ② great fun

2. 글쓴이의 주장이 가장 잘 드러난 문장을 고르세요.

   ① We need to study all the subjects very hard.
   ② A lot of students don't like math.

**필수 어휘**  05-04

| | | |
|---|---|---|
| **learn** 배우다 | **not great fun** 그다지 재미없는 | **some** 어떤 (사람들은) |
| **others** 다른 (사람들은) | **hate** 싫어하다 | **subject** 과목 |

**1.** 다음 글의 주장으로 가장 적절한 것을 고르세요.  05-05

Many children enjoy playing video games. However, children may learn bad manners like fighting and hitting. Sometimes some of the children hit their friends in real life. Playing outside is better for children. Sports, such as soccer and baseball, are more helpful than video games.

① 어린이들은 친구와 싸우면 안 된다.

② 어린이들은 비디오 게임에 돈을 그만 써야 한다.

③ 비디오 게임보다 더 나은 게임들을 해봐야 한다.

④ 비디오 게임보다 운동 경기를 하는 게 더 도움이 된다.

필수 어휘  05-06

| | | |
|---|---|---|
| **however** 그러나 | **may** ~할 수도 있다 | **manners** 행동 방식 |
| **fighting** 싸우는 것 | **hitting** 때리는 것 | **in real life** 실생활에서 |
| **better** 더 좋은 | **such as** 예를 들면 | **helpful** 도움이 되는 |

**2.** 다음 글의 주장으로 가장 적절한 것을 고르세요.  05-07

Children like watching TV. Sometimes they watch TV too late at night. But this is not good for their health. Children need a lot of sleep. Sleep makes them healthy. So don't stay up too late watching TV. You really need a good night's sleep.

① 어린이들은 9시까지만 TV를 봐야 한다.　② 어린이들은 충분한 잠을 자야 한다.

③ 어린이들은 적어도 9시간을 자야 한다.　④ 어린이들은 TV 보기보다는 독서를 하는 게 좋다.

필수 어휘  05-08

| | | |
|---|---|---|
| **too late** 너무 늦게 | **at night** 밤에 | **health** 건강 |
| **a lot of** 많은 | **make** ~를 …하게 만들다 | **stay up** 늦게까지 깨어 있다 |

**3.** 다음 글의 주장으로 가장 적절한 것을 고르세요.  05-09

> Summer is a great time to play outside. We can swim in a river. Or we can go to the mountains. But bad things can happen to people in summer. Some people get hurt in a river or on a mountain. So be careful when you play outside in summer.

① 여름에는 집밖으로 나가서는 안 된다.

② 여름에는 공부를 열심히 해야 한다.

③ 여름에 운동을 하는 것이 좋다.

④ 여름에 야외에서 놀 때 조심해야 한다.

**필수 어휘**  05-10

| | | |
|---|---|---|
| **river** 강 | **mountain** 산 | **bad things** 나쁜 일들 |
| **happen** (어떤 일이) 일어나다 | **get hurt** 다치다 | **be careful** 조심하다 |

**4.** 다음 글의 주장으로 가장 적절한 것을 고르세요.  05-11

> Everyone needs money. People buy clothes with money. Families can enjoy eating out together. Students can buy books and notebooks with money. Children usually get money from their parents. So they should learn how to spend their money.

① 외식 비용을 줄여야 한다.

② 어린이들은 돈 쓰는 방법을 배워야 한다.

③ 돈을 너무 많이 쓰면 안 된다.

④ 용돈을 스스로 벌어야 한다.

**필수 어휘**  05-12

| | | |
|---|---|---|
| **everyone** 누구나 | **money** 돈 | **eat out** 외식하다 | **usually** 보통 |
| **get ~ from ...** …에게 ~을 얻다 | **learn how to** ~하는 법을 배우다 | **spend** (돈을) 쓰다 |

 **중요 표현 익히기**

**A** ‘**get + 형용사**’를 이용한 중요 표현을 익혀 봅시다.

> - get angry  화나다
> - get cold  추워지다
> - get dark  어두워지다
> - get sleepy  졸음이 오다
> - get hot  더워지다
> - get thirsty  목이 마르다

 위의 표현을 사용하여 문장의 빈칸을 채우세요.

1. In winter, the weather gets ___________________________.

2. I will go to bed. I am getting ___________________________.

3. Let's go back home. It is getting ___________________________.


**B** ‘**may/may not**’을 이용한 중요 표현을 익혀 봅시다.

> - It **may** snow tomorrow.  내일 눈이 올지도 모른다.
> - It **may not** snow tomorrow.  내일 눈이 안 올지도 모른다.
> - I **may** be late for class.  나는 수업에 늦을 수도 있다.
> - I **may not** be late for class.  나는 수업에 안 늦을 수도 있다.

 위의 표현을 사용하여 문장의 빈칸을 채우세요.

1. 그는 아플지도 모른다.

   He ___________________________ be sick.

2. 나는 학교에 지각할지도 모른다.

   I ___________________________ be late for school.

3. 그녀는 안 돌아올지도 모른다.

   She ___________________________ come back.

## 필수 어휘 복습하기

**A** 빈칸에 들어갈 알맞은 말을 고르세요.

**1.** I often ____________ with my younger brother.

    ⓐ hate                 ⓑ fight

    ⓒ happen          ⓓ hurt

**2.** Math is my favorite ____________ .

    ⓐ city                  ⓑ river

    ⓒ friendship       ⓓ subject

**3.** My family sometimes eats ____________ at a restaurant.

    ⓐ out                  ⓑ with

    ⓒ up                   ⓓ from

**B** 빈칸에 들어갈 알맞은 말을 보기에서 골라 쓰세요.

| spend | learn | hate |
|---|---|---|

**1.** I ____________ rude people.

**2.** We ____________ many things from books.

**3.** Don't ____________ too much money on shopping!

 NEAT 실전 문제 유형을 풀어보세요.

## 국가영어능력평가시험 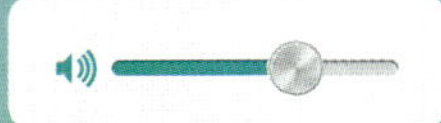

다음 글의 주장으로 가장 적절한 것은?

Children learn many things easily. Teachers often use games in class. Children pay attention to them. Playing games is fun. They are not boring. Playing a word game is a good way to learn many words. Teachers should use games in class.

① 선생님들은 수업 시간에 게임을 활용하는 것이 좋다.
② 어린이들에겐 쉬운 것부터 가르치는 게 좋다.
③ 선생님들은 많은 게임을 연구해야 한다.
④ 어린이들은 단어를 반복해서 외워야 한다.

 NEAT 실전 문제 유형을 풀어보세요.

## 국가영어능력평가시험

다음 글의 주장으로 가장 적절한 것은?

Some people don't have much money. They cannot take care of their children well. These poor children are not happy. They cannot buy many things. They cannot do many things. But they can become happy with our help. So let's help these poor children!

① 행복해지기 위해서 돈을 모아야 한다.
② 돈이 없더라도 아이가 필요한 것은 꼭 사야 한다.
③ 가난한 아이들을 도와주자.
④ 물건을 절약하고 아껴 써야 한다.

# OPEN NEAT

# 세부 정보 찾기

**차례**

# 유형 미리 보기 – 세부 정보 찾기

## 1 문제 보기

감사 편지에 관한 다음 글에서 언급되지 <u>않은</u> 것은?

Dear Mr. Kim,

Thank you for inviting me to your home last Sunday. I was glad to meet your family. I really enjoyed Korean food at your house. The food was delicious. Someday I'd like to invite you to my house for dinner. See you again!

Sincerely yours,
Amy

① 만났던 요일　　② 만났던 장소

③ 음식의 맛　　④ 다음에 만날 날짜

## 2 문제 풀이

- 지문 해석: 친애하는 미스터 김,

  지난 일요일 나를 당신의 집에 초대해주셔서 감사합니다. 당신의 가족을 만나 진심으로 기뻤습니다. 당신의 집에서 먹은 한국음식은 정말 좋았답니다. 그 음식은 맛있었어요. 언젠가 당신을 나의 집으로 저녁 식사에 초대하고 싶습니다. 다음에 또 만나요!

  진심을 담아, Amy.

- 문제 풀이: 편지에 다음에 만날 날짜는 언급되지 않고 있습니다.
- 정답: ④번

# 3 문제 파고 들기

① 세부 정보 찾기란 어떤 문제인가요?

- 편지, 광고문, 홍보글, 신문 기사, 초대장, 요리법 등 다양한 실용문을 읽고 세부 정보를 정확하게 파악하였는지를 묻는 문제입니다.
- 주어진 글에서 언급되지 않은 내용을 찾거나, 선택지의 내용이 글의 내용과 일치하는지 또는 일치하지 않는지에 관한 문제가 나옵니다.
- 선택지에는 글이 나올 때도 있지만 그림이 나올 때도 있습니다.

② 세부 정보 찾기 문제에는 어떤 지시문이 나오나요?

- 생일파티 초대에 관한 다음 글에서 언급되지 <u>않은</u> 것은?
- 다음 글에서 묘사된 휴대폰의 기능으로 언급되지 <u>않은</u> 부분은?
- 공원에 관한 다음 글의 내용과 일치하는 것은?
- 요리법에 관한 다음 글의 내용과 일치하지 <u>않는</u> 것은?

# 4 문제 해결하기

① 글에서 언급되지 않은 것을 찾는 문제의 경우, 주로 글에 나오는 정보 순서대로 선택지가 주어집니다. 따라서 선택지의 내용이 글에 나오는지 앞에서부터 하나씩 체크해보도록 하세요.

② 글에서 언급되지 않은 것을 찾는 문제의 경우, 선택지가 그림으로 제시되는 문제도 있습니다. 이 때 그림의 내용이 글에 언급된 것인지 하나씩 체크해보세요.

③ 글의 내용과 일치하는지 또는 일치하지 않는지를 찾는 문제는 3급에서 가장 많이 나오는 문제입니다. 이 문제 또한 언급되지 않은 것을 찾는 문제와 마찬가지로 선택지의 내용이 글에 나오는 순서대로 제시되므로 선택지의 내용이 글에 나오는지 앞에서부터 하나씩 체크해보세요.

# Unit 06 — 언급되지 않은 내용 찾기 (1)



##  리딩 해법

**A** 초대장에 관한 다음 글에서 언급되지 <u>않은</u> 것을 고르세요.  06-01

Dear friends,

I'd like to invite you to my birthday party this Saturday. The party starts at 12 p.m. and ends at 3 p.m. Come to Seoul Restaurant. It is near my house so it is easy to find the restaurant. I hope you can come.

Best regards,
Minsu

① 생일 파티 요일  ② 생일 파티 시간
③ 생일 파티 음식  ④ 생일 파티 장소

 해법 전략 문제  다시 한번 읽고 다음의 질문에 답하세요.

1. When is Minsu's birthday?
   ① this Friday  ② this Saturday

2. Where will Minsu have his birthday party?
   ① at his house  ② at a restaurant

 필수 어휘  06-02

| | | |
|---|---|---|
| **I'd like to ~.** ~하고 싶다. | **invite** 초대하다 | **end** 끝나다 |
| **near** ~ 가까이에 | **easy** 쉬운 | **hope** 바라다 |

 **B** 민수의 일기에 관한 다음 글에서 언급되지 <u>않은</u> 것을 고르세요.  06-03

Jongmin and I are good friends. We study at the same school. Sometimes I go to his house to play computer games. We like to play soccer and go to the movies. Jongmin often helps me with math homework. I am so happy to have a good friend like Jongmin.

① 친구의 이름
② 친구의 나이
③ 친구가 다니는 학교
④ 친구 집에서 하는 놀이

 다시 한번 읽고 다음의 질문에 답하세요.

**1.** What does Jongmin help Minsu with?

① math homework
② English homework

**2.** What sport do they like to play?

① baseball
② soccer

 필수 어휘  06-04

| | | |
|---|---|---|
| **same** 같은 | **go to the movies** 영화관에 가다 | **often** 자주 |
| **math** 수학 | **like** ~과 같은 | |

**1.** 요리법에 관한 다음 글에서 언급되지 <u>않은</u> 것을 고르세요.  06-05

**Simple Recipe for Baked Chicken**

* Put the chicken and one tablespoon of butter in a heated pan.

* Add mushrooms, onion, and garlic to the pan, and mix well.

* Put the mixture into the oven, and bake it for 25 minutes.

① 요리의 제목　　　　　　② 필요한 버터의 양

③ 필요한 채소　　　　　　④ 오븐의 온도

필수 어휘  06-06

| | | |
|---|---|---|
| **baked** 구운 | **tablespoon** 요리에 쓰이는 계량 스푼 | **heated** 달궈진 |
| **add** 추가하다 | **mushroom** 버섯 | **garlic** 마늘　**mixture** 모두 섞인 것 |

**2.** 시장에 관한 다음 글에서 언급되지 <u>않은</u> 것을 고르세요.  06-07

People need many things for their daily life. So people buy things. They buy clothes, fruit, and food. Some people sell things. The market is a place to buy things and sell things. There are many people at the market every day.

① 사람들이 사는 물건의 종류　　② 사람들이 물건을 사는 장소

③ 사람들이 물건을 파는 장소　　④ 시장의 가격이 저렴한 이유

필수 어휘  06-08

| | | |
|---|---|---|
| **daily life** 일상 생활 | **buy** 사다 | **things** 물건들 |
| **sell** 팔다 | **market** 시장 | **place** 장소 |

**3.** Family Discount Store에 관한 다음 글에서 언급되지 <u>않은</u> 것을 고르세요.  06-09

### Welcome to the Family Discount Store!

* Everything at the lowest prices
* The best products
* From clothes and furniture to vegetables, meat, and seafood
* Discount coupons available

① 영업 시간　　　　　　　　② 상품의 품질

③ 상품의 종류　　　　　　　④ 할인 쿠폰

**필수 어휘**  06-10

| | | |
|---|---|---|
| **discount** 할인 | **everything** 모든 것 | **at the lowest prices** 가장 낮은 가격에 |
| **best** 최고의 | **product** 상품 | **coupon** 쿠폰　　**available** 사용할 수 있는 |

**4.** 장래 희망에 관한 다음 글에서 언급되지 <u>않은</u> 것을 고르세요.  06-11

### My Future Job

I like birds. Birds can fly in the sky. They can fly anywhere. They can see everything from the sky. I want to fly like birds. I want to be a pilot. Pilots can fly a plane and travel to many countries. I want to travel anywhere like birds.

① 내가 좋아하는 동물　　　　② 내가 새를 좋아하는 이유

③ 내가 가고 싶은 학과　　　　④ 내가 원하는 직업

**필수 어휘**  06-12

| | | |
|---|---|---|
| **anywhere** 어디든지 | **like** ~처럼 | **pilot** 비행기 조종사 |
| **fly a plane** 비행기를 조종하다 | **travel** 이동하다, 여행하다 | **countries** 나라들 |

 중요 표현 익히기

**A** 'like'를 이용한 중요 표현을 익혀 봅시다.

- I **like** birds.  나는 새를 좋아한다.
- I want to fly **like** birds.  나는 새처럼 날고 싶다.

 위의 표현을 사용하여 문장을 해석하세요.

1. I like strawberries. _______________________

2. She looks like my mom. _______________________

3. I want to run like the wind. _______________________


**B** 'I would like to ~'를 이용한 중요 표현을 익혀 봅시다.

- I **would like to** have a steak.  나는 스테이크를 먹고 싶어요.
- I **would like to** meet you.   나는 당신을 만나고 싶어요.
- I **would like to** go to Pusan.  나는 부산에 가고 싶어요.

 위의 표현을 사용하여 문장의 빈칸을 채우세요.

1. 나는 당신을 나의 생일 파티에 초대하고 싶어요.

   _______________________ invite you to my birthday party.

2. 나는 당신들과 함께 저녁식사를 하고 싶어요.

   _______________________ have dinner with you.

3. 나는 수미와 함께 쇼핑하고 싶어요.

   _______________________ go shopping with Sumi.

## 필수 어휘 복습하기

**A** 빈칸에 들어갈 알맞은 말을 고르세요.

1. Mr. Smith ______________ my family to dinner.

   ⓐ hopes  ⓑ travels
   ⓒ adds  ⓓ invites

2. The ______________ flies the plane.

   ⓐ place  ⓑ coupon
   ⓒ pilot  ⓓ product

3. Bake the bread in a(n) ______________ oven for an hour.

   ⓐ heated  ⓑ easy
   ⓒ same  ⓓ best

**B** 빈칸에 들어갈 알맞은 말을 보기에서 골라 쓰세요.

| buy | sells | end |
| --- | --- | --- |

1. The store ______________ many different kinds of vegetables.

2. How will the movie ______________?

3. People ______________ clothes, fruit, and seafood in the market.

 NEAT 실전 문제 유형을 풀어보세요.

## 국가영어능력평가시험

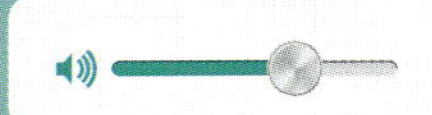

공원에 관한 다음 글에서 언급되지 <u>않은</u> 것은?

There are many people at the park. Some people read books on the grass. Some people eat food with their families. Some people ride bikes. Some people walk their dogs. People have a great time at the park.

① 달리기
② 음식 먹기
③ 자전거 타기
④ 강아지와 산책하기

## 국가영어능력평가시험

Pizza House 광고에 관한 다음 글에서 언급되지 <u>않은</u> 것은?

### Pizza House

* Free small size pizza on Wednesday
* Hamburgers and sandwiches are half price.
* 30% off for take-out

① 피자
② 햄버거
③ 샌드위치
④ 콜라

# 언급되지 않은 내용 찾기 (2)

## 리딩 해법

 **A** 다음 글에서 묘사된 침대의 특징으로 언급되지 <u>않은</u> 부분을 고르세요.  07-01

There is a double-decker bed in my room. It is made of wood. It has two white mattresses. Also it has a drawer under the lower deck for clothes. I like to climb up the stairs to the upper deck.

① 　② 　③ 　④ 

 다시 한번 읽고 다음의 질문에 답하세요.

1. What is the double-decker bed made of?

   ① metal　　　　　② wood

2. What does the double-decker bed have?

   ① a ladder　　　　② a drawer

 필수 어휘　07-02

| | | |
|---|---|---|
| **double-decker bed** 2층 침대 | **is made of** ~으로 만들어지다 | **mattresses** 침대요들 |
| **drawer** 서랍 | **lower deck** 아래층 침대 | **climb up** 올라가다 |
| **stair** 계단 | **upper deck** 위층 침대 | **metal** 금속　**ladder** 사다리 |

 **B** 다음 글에서 묘사된 노트북의 특징으로 언급되지 <u>않은</u> 부분을 고르세요.  07-03

I have a laptop computer. It has a USB port so I can save files. It has a mouse so I can move the cursor. Also it has a small camera on top of the monitor. I can carry my laptop computer anywhere so I can find information anytime.

| ① | ② | ③ | ④ |
|---|---|---|---|
|  |  |  |  |

 다시 한번 읽고 다음의 질문에 답하세요.

**1.** What is a mouse for?

① to move the cursor

② to type

**2.** What is on top of the monitor?

① a USB port

② a small camera

필수 어휘  07-04

**laptop computer** 노트북 컴퓨터　　**USB port** USB 포트　　**save** 저장하다
**cursor** 모니터 화면에서 입력이나 수정 위치를 나타내는 깜박이는 막대　　**on top of** ～의 위에
**carry** 들고 다니다　　**anywhere** 어디든지　　**anytime** 언제든지

**1.** 다음 글에서 묘사된 장난감의 특징으로 언급되지 <u>않은</u> 부분을 고르세요. 

My brother likes to play with his toy train. He sets up the train track in a circle on the floor. When he switches on the toy train, it runs on the rail. It can even pass through a mountain. The toy train is very amazing.

①　②　③　④

**필수 어휘** 07-06

| | | |
|---|---|---|
| **toy train** 장난감 기차 | **set up** 세우다 | **train track** 철로 |
| **in a circle** 원형으로 | **switch on** 스위치를 켜다 | **rail** 철로 |
| **pass through** ~을 통과하여 지나가다 | **amazing** 굉장한 | |

**2.** 다음 글에서 묘사된 그림 도구의 특징으로 언급되지 <u>않은</u> 부분을 고르세요. 

You need things to draw pictures. You need paper, watercolor paints, and a paintbrush. Also you need an easel so you can put your drawing paper on it. Before you color on the paper, you need to sketch with a pencil first. Now you can draw your family or beautiful flowers.

①　②　③　④

**필수 어휘** 07-08

| | | |
|---|---|---|
| **draw** 그림을 그리다 | **watercolor paints** 수채화 물감 | **paintbrush** 그림 붓 |
| **easel** 이젤 | **sketch** 밑그림을 그리다 | **first** 우선 |

**3.** 다음 글에서 묘사된 프라이팬의 특징으로 언급되지 <u>않은</u> 부분을 고르세요. 07-09

My mom got a brand new frying pan. It is round and has low sides. There is a red circle in the middle of the pan so I know when the pan is heated. The handle is made of plastic so even when I hold the heated frying pan, it won't feel hot.

①     ②     ③     ④

필수 어휘   07-10

| | | |
|---|---|---|
| **brand new** 신제품인 | **low sides** 낮은 옆면 | **in the middle of** ～의 가운데에 |
| **heated** 달궈진 | **handle** 손잡이 | **hold** 잡다 |

**4.** 다음 글에서 묘사된 스마트폰의 특징으로 언급되지 <u>않은</u> 부분을 고르세요. 07-11

Smart phones are very useful. My smart phone has a big screen so I can watch movies. There are menu icons on the screen instead of a keypad. When I touch the icons, the smart phone can be a phone, camera, or MP3 player. I can even surf the Internet and send an email with my smart phone.

①     ②     ③     ④

필수 어휘   07-12

| | | | |
|---|---|---|---|
| **useful** 유용한 | **icon** 아이콘 | **instead of** ～ 대신에 | **keypad** 자판 |
| **touch** 만지다 | **even** 심지어 | **surf** 여기저기 검색하다 | **send** 보내다 |

 **중요 표현 익히기**

**A**   ‘**anytime / anywhere**’를 이용한 중요 표현을 익혀봅시다.

> • I can go back home **anytime**.   나는 언제든지 집에 갈 수 있어요.
> • A bird can fly **anywhere**.   새는 어디든지 날 수 있어요.

   위의 표현을 사용하여 문장의 빈칸을 채우세요.

**1.**   당신은 언제든지 나의 데스크탑 컴퓨터를 사용해도 되요.

You can use my desktop computer ________________________ .

**2.**   우리는 이 교실 어디든지 앉아도 되요.

We can sit ________________________ in this classroom.

**3.**   그는 서울을 언제든지 여행할 수 있어요.

He can travel to Seoul ________________________ .

**B**   ‘**be made of ~**’를 이용한 중요 표현을 익혀봅시다.

> • The desk **is made of** wood.   그 책상은 나무로 만들어진다.
> • Trains **are made of** steel.   기차는 강철로 만들어진다.

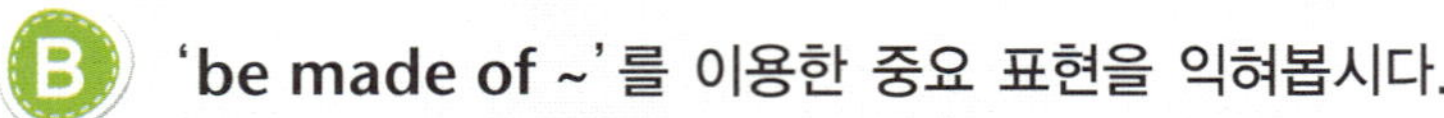   위의 표현을 사용하여 문장의 빈칸을 채우세요.

**1.** This bottle ________________________ glass.

**2.** Cheese ________________________ milk.

**3.** Tires ________________________ rubber.

## 필수 어휘 복습하기

**A** 빈칸에 들어갈 알맞은 말을 고르세요.

1. I put my ring in the ______________ .

   ⓐ drawer              ⓑ ladder
   ⓒ stair               ⓓ rail

2. The table is made ______________ marble.

   ⓐ on                  ⓑ up
   ⓒ through             ⓓ of

3. I often ______________ my pictures to my grandparents.

   ⓐ draw                ⓑ send
   ⓒ touch               ⓓ hold

**B** 빈칸에 들어갈 알맞은 말을 보기에서 골라 쓰세요.

| climb up | set up | pass through |
| --- | --- | --- |

1. The boys ______________________ the tent.

2. A lot of cars ______________________ the tunnel.

3. The cats ______________________ a tree.

**A** NEAT 실전 문제 유형을 풀어보세요.

## 국가영어능력평가시험

다음 글에서 묘사된 세발 자전거의 특징으로 언급되지 <u>않은</u> 부분은?

My little brother rides a tricycle. It has three wheels instead of two. It is made of plastic so it is light. Even the wheels are made of plastic. The seat is low. The handle is shaped like the letter L. There are no pedals so my brother pushes along the ground with his feet.

①      ②      ③      ④

## 국가영어능력평가시험 

다음 글에서 묘사된 책상의 특징으로 언급되지 <u>않은</u> 부분은?

I love my desk. It is a big desk. It is made of wood. And it has bookshelves so I can take out my books easily. Also it has three drawers. I put my school supplies in them. The best thing about my desk is that it has its own lamp. It is very useful.

①      ②      ③      ④

# Unit 08 — 내용 일치 찾기



**A** 캠핑에 관한 다음 글의 내용과 일치하는 것을 고르세요.  08-01

### Summer Camping Safety

- Always tell someone your camping plans.
- Never go camping alone.
- Bring all the food you need.
- Come back to your campsite before dark.

① 캠핑에 대해 다른 사람에게 비밀로 하라.  ② 캠핑을 혼자 즐기는 것도 좋다.

③ 음식은 캠핑 장소 근처에서 구입하라.  ④ 어두워지기 전에 캠핑 장소로 돌아와라.

 해법 전략 문제  다시 한번 읽고 다음의 질문에 답하세요.

1. What season is it?

   ① spring
   ② summer

2. What should you do for safety when camping?

   ① You should tell someone your camping plans.
   ② You should stay at the campsite all day long.

  08-02

| | | |
|---|---|---|
| **someone** 누군가 | **plan** 계획 | **never** 절대 ~하지 마라 |
| **alone** 혼자 | **bring** 가져가다 | **campsite** 캠핑 장소 |
| **before dark** 어두워지기 전에 | **stay at ~** ~에 머무르다 | **all day long** 하루 종일 |

**B** 온라인 알파벳 게임에 관한 다음 글의 내용과 일치하는 것을 고르세요.  08-03

Online word games are fun. In one game, your child clicks on a brick to see a letter. After clicking on several bricks, your child can mix the bricks to make a word. Your child can learn many words and have fun with these online games.

① 온라인 알파벳 게임은 어른용이다.
② 알파벳 게임은 어린이가 하기에 조금 어렵다.
③ 벽돌을 누르면 글자가 보인다.
④ 벽돌을 섞어서 문장을 만들 수 있다.

 다시 한번 읽고 다음의 질문에 답하세요.

1. When the child clicks on a brick, what happens?

   ① Your child sees a letter of the alphabet.
   ② Your child sees a word.

2. What are online word games good for?

   ① Your child can speak English well.
   ② Your child can learn many words.

**필수 어휘**  08-04

| | | |
|---|---|---|
| **online** 온라인 | **click** 마우스의 버튼을 누르다 | **brick** 벽돌 |
| **after** ~한 후에 | **several** 몇몇의 | **mix** 섞다 |

1. 주간 활동에 관한 다음 글의 내용과 일치하는 것을 고르세요.  08-05

**Weekly Activities for Kids**

* Activities with parents
* Clay art on Mondays
* PE on Wednesdays
* Taekwondo on Fridays

① 아이들만을 위한 활동이다.　　② 월요일엔 점토 미술 수업이 있다.

③ 목요일엔 체육 수업이 있다.　　④ 토요일엔 태권도 수업이 있다.

**필수 어휘** 08-06

| | | |
|---|---|---|
| **weekly** 매주의 | **activities** 활동들 | **parents** 부모님 |
| **clay art** 점토 미술 | **PE** 체육 | **taekwondo** 태권도 |

2. 스포츠 활동에 관한 다음 글의 내용과 일치하는 것을 고르세요.  08-07

**Max Sports Club**

Sports are a good form of physical exercise. We have basketball, baseball, soccer, skiing, and even rock climbing programs. You can enjoy one or all of our sports programs. You will be stronger and also learn teamwork.

① 스포츠는 정신 건강에 좋다.　　② 농구와 축구가 가장 인기가 좋다.

③ 당신은 모든 스포츠를 배울 수 있다.　　④ 당신은 협동심을 배울 수 있다.

**필수 어휘** 08-08

| | | | |
|---|---|---|---|
| **sports** 스포츠 | **form** 형태, 방식 | **physical** 신체적인 | **rock climbing** 암벽 타기 |
| **one or all of** ~의 하나 또는 전체 | **stronger** 더 힘센 | **teamwork** 협동심 | |

**3.** 어린이 연기 수업에 관한 다음 글의 내용과 일치하는 것을 고르세요.  08-09

### ABC Acting Classes

* Acting for children
* For no stage fright
* Every Monday & Friday
* Fun games and exercises

① 부모도 참여할 수 있는 연기 수업이다.
② 무대 공포증을 없앨 수 있다.
③ 주말마다 수업이 있다.
④ 스포츠 댄스도 함께 한다.

**필수 어휘** 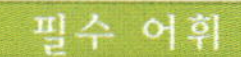 08-10

| | | |
|---|---|---|
| **acting** 연기 | **stage fright** 무대 공포증 | **exercise** 연습 |

**4.** King Zoo에 관한 다음 글의 내용과 일치하는 것을 고르세요. 08-11

### King Zoo

* Hours: 7 days a week / 10 a.m. ~ 8 p.m.
* Adults: 10,000 won
* Children (between 6 and 13 years old): 5,000 won
* Children 5 and under: free
* Group (over 15 people): 7,000 won

① 동물원은 매일 개장한다.
② 개장 시간은 오전 9시부터 오후 8시까지다.
③ 어른 입장료는 2만원이다.
④ 15인 이상 단체일 경우 1인당 5,000원이다.

**필수 어휘**  08-12

| | | | |
|---|---|---|---|
| **hours** 영업[근무]시간 | **a week** 일주일에 | **adult** 성인 | **between ~ and ...** ~와 … 사이에 |
| **under** ~ 미만의 | **free** 무료 | **group** 단체 | **over** 이상 |

 요일에 대한 중요 표현을 익혀봅시다.

- on Monday 월요일에
- on Tuesday 화요일에
- on Wednesday 수요일에
- on Thursday 목요일에
- on Friday 금요일에
- on Saturday 토요일에
- on Sunday 일요일에

 위의 표현을 사용하여 빈칸을 채우세요.

**1.** 화요일에 ________________________

**2.** 목요일에 ________________________

**3.** 수요일에 ________________________

**4.** 일요일에 ________________________

**5.** 토요일에 ________________________

**6.** 금요일에 ________________________

'before / after'에 대한 중요 표현을 익혀봅시다.

- She eats breakfast **before** she goes to work. 그녀는 일하러 가기 전에 아침을 먹는다
  = **Before** she goes to work, she eats breakfast.
- I go to bed **after** I do my homework. 나는 숙제를 한 후에 잠자리에 든다.
  = **After** I do my homework, I go to bed.

 위의 표현을 사용하여 문장의 빈칸을 채우세요.

**1.** I go outside after I put on my coat.

= ________________________________ , I go outside.

**2.** I finish my homework before I go to a movie.

= ________________________________ , I finish my homework.

**3.** After they get home, they watch TV.

= They watch TV ________________________________ .

## 필수 어휘 복습하기

**A** 빈칸에 들어갈 알맞은 말을 고르세요.

1. The school provides many ______________ .

   ⓐ hours                    ⓑ groups
   ⓒ activities               ⓓ forms

2. The church is ______________ the bookstore and the post office.

   ⓐ between                  ⓑ always
   ⓒ after                    ⓓ along

3. ______________ the eggs with flour in the bowl.

   ⓐ Click                    ⓑ Mix
   ⓒ Stay                     ⓓ Act

**B** 빈칸에 들어갈 알맞은 말을 보기에서 골라 쓰세요.

| plan | brick | teamwork |
|------|-------|----------|

1. The red ______________ house is very old.

2. I have a ______________ for this weekend.

3. You can learn ______________ through sports.

 NEAT 실전 문제 유형을 풀어보세요.

## 국가영어능력평가시험

컴퓨터 안전에 관한 다음 글의 내용과 일치하는 것은?

### Computer Safety for Children

We recommend:
- Limit your child's time on the computer.
- Put the computer in the living room.
- Make sure that your child does not play too many computer games.

① 아이의 컴퓨터 사용 시간을 세 시간으로 제한하라.
② 컴퓨터를 거실에 두어라.
③ 아이가 다양한 게임을 하게 하라.
④ 자동 절전 기능을 켜두어라.

 NEAT 실전 문제 유형을 풀어보세요.

## 국가영어능력평가시험

캠핑에 관한 다음 글의 내용과 일치하는 것은?

Usually your mom cooks for your family. But when your family goes camping in the summer, everyone can cook together. Your family brings all the things you need so you can cook every meal. It helps your family to become closer and have good meals.

① 보통 휴일에는 음식을 배달시켜 먹는다.
② 여름 캠핑 때는 가족이 함께 요리할 수 있다.
③ 캠핑장에는 음식 매장이 여럿 있다.
④ 만들어 먹는 음식이 사먹는 음식보다 더 저렴하다.

# 내용 불일치 찾기

## 리딩 해법

 **A** 피크닉 안내문의 내용과 일치하지 <u>않는</u> 것을 고르세요.  09-01

### It's Picnic Time!

You need:
- A mat
- A picnic basket
- Plastic plates and cups
- Food and drinks

① 돗자리를 가져오세요.　　② 플라스틱 접시와 컵을 가져오세요.

③ 겉옷을 가져오세요.　　④ 음식과 음료수를 가져오세요.

 다시 한번 읽고 다음의 질문에 답하세요.

**1.** What is this about?

① going camping　　② going on a picnic

**2.** What is not needed for a picnic?

① drinks　　② a pet dog

 **필수 어휘** 09-02

| | | |
|---|---|---|
| **mat** 돗자리 | **basket** 바구니 | **plastic** 플라스틱 |
| **plate** 접시 | **pet** 애완동물 | |

**B** Hot Summer Pool에 대해 일치하지 <u>않는</u> 것을 고르세요.  09-03

### Hot Summer Pool

- Every day from 9 a.m. to 9 p.m.
- Pool games and prizes
- 30% off for yearly members
- For reservations: call (02) 467-1487 or visit www.hotsummerpool.com

① 매일 개장한다.

② 게임과 상품이 있다.

③ 실내와 실외 수영장 모두가 있다.

④ 연간 회원에게는 30% 할인이 있다.

 다시 한번 읽고 다음의 질문에 답하세요.

1. What time does Hot Summer Pool open?

    ① 7 a.m.

    ② 9 a.m.

2. How can people make a reservation?

    ① People can visit Hot Summer Pool.

    ② People can visit the website.

 필수 어휘  09-04

| | | |
|---|---|---|
| **pool** 수영장 | **from ~ to ...** ~부터 …까지 | **prize** 상품 |
| **yearly member** 연간 회원 | **reservation** 예약 | |

**1.** 겨울 스포츠에 관한 다음 글의 내용과 일치하지 <u>않는</u> 것을 고르세요.  09-05

> Children like to enjoy outdoor activities in the winter. Find fun winter activities like skating, skiing, and sledding for children. Especially, children enjoy sledding the most. However, parents need to go with their children for safety.

① 어린이들은 겨울 야외 활동을 좋아한다.　② 겨울 스포츠에는 스케이트, 스키, 썰매타기 등이 있다.

③ 아이들은 스케이팅을 가장 즐긴다.　④ 안전을 위해 부모님이 아이와 함께 가는 게 필요하다.

**필수 어휘**  09-06

| | | |
|---|---|---|
| **outdoor activities** 야외 활동들 | **like** ~과 같은 | **sledding** 썰매타기　**especially** 특히 |
| **the most** 가장 많이 | **however** 그러나 | **safety** 안전 |

**2.** 취미에 관한 다음 글의 내용과 일치하지 <u>않는</u> 것을 고르세요.  09-07

> Kids have many different hobbies, for example, sports, music, books, or movies. Some kids like to play soccer, baseball, or ride bicycles. Others like to read books about science and social studies or read stories. Parents should help their kids find their own hobbies.

① 어린이들은 여러 취미를 가지고 있다.

② 취미의 예로 운동, 음악, 책, 영화 등이 있다.

③ 어떤 아이들은 이야기 책 읽는 것을 좋아한다.

④ 선생님들은 아이들이 취미를 갖도록 도와야 한다.

**필수 어휘**  09-08

| | | |
|---|---|---|
| **hobbies** 취미들 | **some** 어떤 | **ride bicycles** 자전거를 타다 |
| **others** 다른 (사람들은) | **social studies** 사회 | **their own** 그들만의 |

**3.** 인터넷 게임에 관한 다음 글의 내용과 일치하지 <u>않는</u> 것을 고르세요.  09-09

Children like Internet games. They play games like the popular *Tycoon* series. *Lego Star Wars* is also popular with children of all ages. Why do children like these games? Because children can meet their friends on the Internet any time and any place. Also children can make new friends on Internet games.

① 어린이들은 인터넷 게임을 좋아한다.

② Tycoon series는 어른들이 즐겨하는 게임이다.

③ Lego Star Wars는 모든 연령의 어린이들에게 인기 있다.

④ 아이들은 인터넷 게임에서 새로운 친구를 사귈 수 있다.

**필수 어휘**  09-10

| | | |
|---|---|---|
| **Internet game** 인터넷 게임 | **popular** 인기 있는 | **series** 시리즈 |
| **of all ages** 모든 연령의 | **any time** 언제든지 | **any place** 어느 장소든지 |

**4.** 건강에 관한 다음 글의 내용과 일치하지 <u>않는</u> 것을 고르세요.  09-11

### Kids' Fitness Center

Food is important to growing children. Also exercise is important too. Your kids are full of energy. So if they just stay at home and watch TV, it's not a good idea. Kids need to exercise for at least 2 hours a day. Visit us and see our programs.
Contact us: 02-236-1932

① 자라나는 아이들에게 음식은 중요하다.　② 자라나는 아이들에게 운동은 중요하다.

③ 아이들은 하루에 적어도 2시간 운동해야 한다.　④ 방문 상담만 가능하다.

**필수 어휘**  09-12

| | | | |
|---|---|---|---|
| **important** 중요한 | **growing** 자라나는 | **full** 가득한 | **energy** 힘, 기운 |
| **just** 단지 | **at least** 적어도 | **contact** 연락하다 | |

 **A** 'some / others'에 대한 중요 표현을 익혀봅시다.

> • **Some** fruit is fresh, **others** are not fresh.
> 어떤 과일은 신선하지만 다른 것들은 신선하지 않다.
> • **Some** people like sports, **others** don't like sports.
> 어떤 사람들은 운동경기를 좋아하지만 다른 사람들은 좋아하지 않는다.

**표현연습** 위의 표현을 사용하여 문장의 빈칸을 채우세요.

1. _____________ students like math, _____________ don't like math.

2. _____________ people play baseball, _____________ play basketball.

3. _____________ people drive cars, _____________ take the subway.

 **B** 'however'에 대한 중요 표현을 익혀봅시다.

> • **However**, we play games in the house.  그러나 우리는 집에서 게임을 한다.
> • **However**, we don't give up.  그러나 우리는 포기하지 않는다.

**표현연습** 위의 표현을 사용하여 문장의 빈칸을 채우세요.

1. 그러나 우리는 집에 머무른다.

   _____________, we stay at home.

2. 그러나 우리는 회의에 참석할 것이다.

   _____________, we will attend the meeting.

3. 그러나 나는 그 열쇠를 찾을 수가 없다.

   _____________, I can't find the key.

## 필수 어휘 복습하기

**A** 빈칸에 들어갈 알맞은 말을 고르세요.

1. We have a ______________ in the backyard.

   ⓐ safety      ⓑ reservation
   ⓒ pool      ⓓ hobby

2. I like to play Internet ______________ .

   ⓐ prizes      ⓑ games
   ⓒ series      ⓓ ages

3. The Sun has a lot of light ______________ .

   ⓐ baskets      ⓑ plates
   ⓒ pets      ⓓ energy

**B** 빈칸에 들어갈 알맞은 말을 보기에서 골라 쓰세요.

| popular | important | full |
| --- | --- | --- |

1. The bathtub is ______________ of hot water.

2. Smart phones are very ______________ now.

3. Vitamin C is very ______________ for your health.

 NEAT 실전 문제 유형을 풀어보세요.

## 국가영어능력평가시험 

신문 구독 광고의 내용과 일치하지 <u>않는</u> 것은?

### Subscribe to the *Seoul Times*

Do you get unwanted newspapers every morning? The *Seoul Times* gives you fast and accurate news. Subscribe to the *Seoul Times* now! You can save money!

### 15,000 won / month

For more information: 02-236-2953

① 서울 신문은 신속하고 정확한 뉴스를 제공한다.
② 지금 구독 신청을 하면 돈을 절약할 수 있다.
③ 한달 구독료는 15,000원이다.
④ 자세한 문의는 웹사이트를 방문하면 된다.

## 국가영어능력평가시험

인터넷 사용의 내용과 일치하지 <u>않는</u> 것은?

Kids can find some information on the Internet for their homework. But there are some bad things about the Internet. Some kids spend too much time playing Internet games. So parents should keep an eye on their kids when their kids use the Internet.

① 아이들은 인터넷에서 숙제에 필요한 정보를 찾는다.
② 어떤 아이들은 인터넷 게임에 너무 많은 시간을 보낸다.
③ 어떤 부모들은 아이들이 컴퓨터를 사용하지 못하도록 한다.
④ 부모들은 아이들이 인터넷을 할 때 지켜봐야 한다.

OPEN NEAT

# READING Part 3 📖

# 그림 순서 파악하기

**차례**

# 유형 미리 보기 – 그림 순서 파악하기

## 1 문제 보기

### 국가영어능력평가시험

다음 글의 내용에 따른 그림의 순서로 가장 적절한 것은?

I come back home from school around 3 p.m. I take a shower, and I drink some juice. Then I go out to play soccer with my friends. Next, I have dinner with my family. After dinner, I watch TV. Last, I usually go to sleep after 10 p.m.

(A)　　　　　(B)　　　　　(C)　　　　　(D)

① (C) – (A) – (D) – (B)

② (C) – (D) – (A) – (B)

③ (D) – (A) – (C) – (B)

④ (D) – (C) – (A) – (B)

## 2 문제 풀이

- 지문 해석: 나는 오후 3시에 학교에서 돌아온다. 나는 샤워를 하고 주스를 마신다. 그리고 나서 친구들과 축구 하러 밖에 나간다. 그 다음에 가족들과 저녁을 먹는다. 저녁 식사 후 TV를 본다. 마지막으로 보통 10시 이후에 잠자리에 든다.

- 문제 풀이: 본문의 이야기 순서대로 '주스 마시기 – 축구 하기 – 저녁식사 먹기 – 잠자기' 순서대로 나열되어 있는 선택지가 정답입니다.

- 정답: ④번

## 3 문제 파고 들기

① 그림 순서 파악하기란 어떤 문제인가요?

- 보기에 주어진 그림들을 글의 내용에 맞도록 순서대로 나열할 수 있는지를 묻는 문제입니다.
- 글의 내용 파악은 물론 글의 전체적인 흐름을 이해하여 일이 일어난 순서대로 배열할 수 있는지를 묻는 종합적인 독해 능력 측정 문제입니다.

② 그림 순서 파악하기 문제에는 어떤 지시문이 나오나요?

- 다음 글의 내용에 따른 그림의 순서로 가장 적절한 것은?


## 4 문제 해결하기

① 우선 보기의 네 개 그림을 보고 무엇에 관한 내용인지 짐작해본 후, 글을 빠르게 읽어 전반적인 내용을 파악하세요.

② 다시 한번 글을 자세히 읽으면서 글 내용 중 어느 부분이 어느 그림에 해당하는지 대조해보세요.

③ 선택지에 제시된 선택지의 그림 순서가 본문의 내용 순서와 일치하는 것을 찾으세요.

④ 단어 하나하나를 해석하는 것보다 글의 내용이 어떻게 전개되는지 그 흐름을 파악하는 것이 중요합니다.

⑤ 내용의 순서를 파악할만한 단서가 되는 시간 표현, 접속사, 연결어 등을 많이 알아두면 문제를 푸는 데 유용합니다.

- around 3 p.m. → Then → Next → After dinner → Last

# 그림 순서 파악하기

 **리딩 해법**

**A** 다음 글의 내용에 따른 그림의 순서로 가장 적절한 것을 고르세요.  10-01

You can cook fried rice by yourself. You put a frying pan on the stove. Then you cut carrots and ham into pieces. Next, you put the carrots and ham with olive oil and some salt in the frying pan. Last, mix and fry them with rice. Now you can enjoy your fried rice.

(A)      (B)      (C)      (D)

① (B) – (C) – (D) – (A)      ② (B) – (D) – (C) – (A)

③ (D) – (A) – (B) – (C)      ④ (D) – (B) – (A) – (C)

 **해법 전략 문제**    다시 한번 읽고 다음의 질문에 답하세요.

1. 먼저 일어난 일의 순서대로 문장 옆 빈칸에 숫자를 쓰세요.

   ① You cut carrots and ham into pieces. _____

   ② You mix and fry them. _____

   ③ You put the carrots and ham with olive oil and some salt in the frying pan. _____

   ④ You put a frying pan on the stove. _____

 **필수 어휘**   10-02

| | | |
|---|---|---|
| **fried rice** 볶음밥 | **by yourself** 당신 혼자서 | **stove** 가스레인지 |
| **cut ~ into pieces** ~을 조각으로 썰다 | **mix** 섞다 | **fry** 기름에 볶다 |

**B** 다음 글의 내용에 따른 그림의 순서로 가장 적절한 것을 고르세요.  10-03

Can you make green tea? First, put some water into the electric kettle and plug it in. Second, take out an empty cup. Third, pour the hot water into the cup. Last, put a green tea bag into the cup and wait for 3-5 minutes. Then enjoy your green tea.

| (A) | (B) | (C) | (D) |
|---|---|---|---|
|  |  | 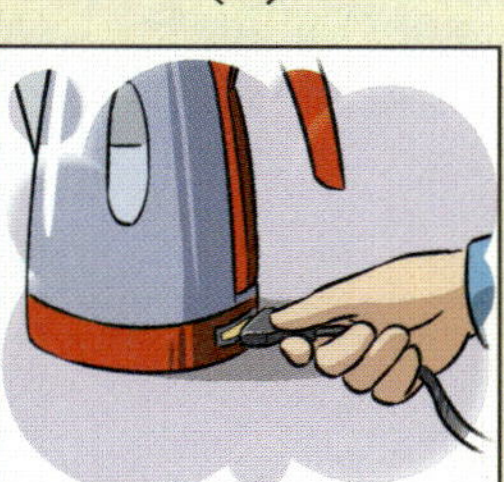 |  |

① (B) – (A) – (C) – (D)　　② (B) – (C) – (D) – (A)

③ (C) – (B) – (D) – (A)　　④ (C) – (D) – (B) – (A)

 다시 한번 읽고 다음의 질문에 답하세요.

**1.** 먼저 일어난 일의 순서대로 문장 옆 빈칸에 숫자를 쓰세요.

① You pour the hot water into the cup. _____

② You put some water into the electric kettle and plug it in. _____

③ You put a green tea bag into the cup and wait for 3-5 minutes. _____

④ You take out an empty cup. _____

**필수 어휘**  10-04

| | | |
|---|---|---|
| **green tea** 녹차 | **electric kettle** 전기 주전자 | **plug in** 플러그를 꼽다 |
| **take out** 꺼내다 | **empty** 비어있는 | **pour** (물을) 붓다 |

**1.** 다음 글의 내용에 따른 그림의 순서로 가장 적절한 것을 고르세요. 

A girl is sitting on the bench in the park. She looks at a butterfly on a flower. She takes her smart phone out of her bag. Then she takes a photo of the butterfly with her smart phone. Finally, she drinks water on the  bench.

| (A) | (B) | (C) | (D) |
| --- | --- | --- | --- |
|  |  |  |  |

① (A) – (B) – (C) – (D)  
② (A) – (C) – (B) – (D)  
③ (B) – (C) – (D) – (A)  
④ (B) – (D) – (C) – (A)

필수 어휘 

| | | |
| --- | --- | --- |
| **look at** ~을 보다 | **butterfly** 나비 | **take** 꺼내다 |
| **smart phone** 스마트폰 | **take a photo** 사진을 찍다 | **finally** 끝으로 |

**2.** 다음 글의 내용에 따른 그림의 순서로 가장 적절한 것을 고르세요. 

A boy turns on the computer. He types on the keyboard. He looks at the monitor. He holds the mouse with his right hand. He plays an English game. He turns off the computer. Then he goes to bed.

| (A) | (B) | (C) | (D) |
| --- | --- | --- | --- |
|  |  |  |  |

① (A) – (C) – (B) – (D)  
② (A) – (D) – (B) – (C)  
③ (D) – (A) – (C) – (B)  
④ (D) – (C) – (A) – (B)

필수 어휘 

| | | |
| --- | --- | --- |
| **turn on** ~을 켜다 | **type** 자판을 치다 | **monitor** 모니터 |
| **hold** 잡다 | **right** 오른쪽의 | **turn off** ~을 끄다 |

**3.** 다음 글의 내용에 따른 그림의 순서로 가장 적절한 것을 고르세요.  10-09

A boy enters the gym. He puts on his uniform. Then he holds a ball on the court. He bounces the ball. He jumps up with the ball. He shoots the ball. It goes into the net. He wipes the sweat from his face.

| (A) | (B) | (C) | (D) |
|---|---|---|---|
|  |  |  |  |

① (B) – (A) – (D) – (C)          ② (B) – (D) – (A) – (C)

③ (C) – (A) – (D) – (B)          ④ (C) – (B) – (D) – (A)

**필수 어휘**  10-10

| | | |
|---|---|---|
| **enter** 들어가다 | **put on** ~을 입다 | **court** (경기장) 코트 |
| **bounce** 공을 튕기다 | **wipe** 닦다 | **sweat** 땀 |

**4.** 다음 글의 내용에 따른 그림의 순서로 가장 적절한 것을 고르세요.  10-11

A boy goes to the skating rink. He puts on his skates. He skates on the ice. He falls down and then stands up. He enjoys skating. Then he takes off his skates. He leaves the skating rink.

| (A) | (B) | (C) | (D) |
|---|---|---|---|
|  |  |  |  |

① (A) – (B) – (D) – (C)          ② (A) – (D) – (C) – (B)

③ (C) – (A) – (B) – (D)          ④ (D) – (B) – (A) – (C)

**필수 어휘**  10-12

| | | |
|---|---|---|
| **skating rink** 스케이트장 | **put on** ~을 신다 | **skate** 스케이트를 타다 |
| **fall down** 넘어지다 | **take off** ~을 벗다 | **leave** ~를 떠나다 |

 재귀대명사를 익혀봅시다.

- myself  나 자신
- ourselves  우리들 자신
- yourself  너 자신
- yourselves  너희들 자신
- himself  그 자신
- herself  그녀 자신
- itself  그것 자체
- themselves  그들 자신 (그것들 자체)

 위의 표현을 사용하여 문장의 빈칸을 채우세요.

1. Sometimes he talked to _________________ .

2. I have to know _________________ .

3. Kevin and Julia looked at _________________ in the mirror and smiled.

 여러 연결어를 익혀봅시다.

- first  첫 번째
- second  두 번째
- third  세 번째
- then  그리고 나서
- lastly  마지막으로
- finally  마침내

위의 표현을 사용하여 문장의 빈칸을 채우세요.

1. 마침내 나는 집에 돌아간다.

   _________________ , I am coming back home.

2. 그리고 나서 우리는 달리기 시작하였다.

   _________________ , we started running.

3. 두 번째로 그녀는 설거지를 한다.

   _________________ , she washes the dishes.

## 필수 어휘 복습하기

**A**  빈칸에 들어갈 알맞은 말을 고르세요.

1.  I _____________ an egg and water.

    ⓐ type
    ⓒ mix
    ⓑ plug
    ⓓ leave

2.  Jason puts _____________ his rain boots.

    ⓐ out
    ⓒ on
    ⓑ at
    ⓓ into

3.  Don't _____________ the ball in the classroom.

    ⓐ pour
    ⓒ fry
    ⓑ bounce
    ⓓ plug

**B**  빈칸에 들어갈 알맞은 말을 보기에서 골라 쓰세요.

| turn on | falls down | take off |
| --- | --- | --- |

1.  Kate _____________ the stairs.

2.  I _____________ the light in the afternoon.

3.  We usually _____________ our shoes inside the house.

 NEAT 실전 문제 유형을 풀어보세요.

## 국가영어능력평가시험

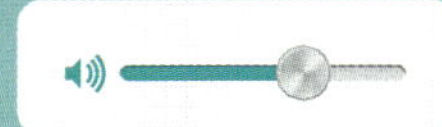

다음 글의 내용에 따른 그림의 순서로 가장 적절한 것은?

A girl washes her face and then shampoos her hair. She wipes off the water with a towel. Then she dries her hair. She looks in the mirror. She combs her hair. She puts on her clothes.

(A)  (B)  (C)  (D)

① (A) – (B) – (D) – (C)
② (A) – (C) – (A) – (D)
③ (B) – (A) – (C) – (D)
④ (B) – (D) – (A) – (C)

## 국가영어능력평가시험

다음 글의 내용에 따른 그림의 순서로 가장 적절한 것은?

A boy turns on the TV. He sits on the sofa and watches TV. He holds a remote control in his right hand. He uses the remote control to search for his favorite program. Then he drinks some juice on the sofa.

(A)　　　　　　　(B)　　　　　　　(C)　　　　　　　(D)

① (A) – (B) – (D) – (C)
② (A) – (D) – (C) – (B)
③ (C) – (B) – (D) – (A)
④ (C) – (D) – (A) – (B)

OPEN NEAT

# READING Part 4 📖

# 빈칸 채우기

## 1 문제 보기

### 국가영어능력평가시험

글의 빈칸에 들어갈 말로 가장 적절한 것은?

A baby is sleeping on the bed. The baby is cute. A blanket covers the baby. There is a doll next to the bed. The baby's ___________ sits next to the bed. The baby's mom looks at her baby. And she holds a bottle of milk.

① teacher
② mom
③ friend
④ doctor

## 2 문제 풀이

- 지문 해석: 한 아기가 침대에서 잠을 자고 있다. 그 아기는 귀엽다. 담요가 아기를 덮고 있다. 침대 옆에는 인형이 있다. 아기의 <u>엄마는</u> 침대 옆에 앉아 있다. 아기의 엄마는 그녀의 아기를 바라보고 있다. 그리고 그녀는 우유병을 들고 있다.

- 문제 풀이: 빈칸 다음의 내용으로 보아 잠자고 있는 아기 옆에서 아기를 바라보고 우유병을 들고 있는 사람이 아기 엄마라는 것을 짐작할 수 있으므로 빈칸에 들어갈 단어는 '엄마' 입니다.

- 정답: ②번

## 3 문제 파고 들기

① 빈칸 채우기란 어떤 문제인가요?

- 주어진 글의 빈칸에 들어갈 말을 찾는 문제이며 빈칸에 들어갈 말은 단어, 어구, 절 등이 될 수 있습니다.
- 주로 1지문 2문항, 1지문 3문항 등 장문독해의 하위 문항 중 하나로 출제됩니다.

② 빈칸 채우기 문제에는 어떤 지시문이 나오나요?

- 글의 빈칸에 들어갈 말로 가장 적절한 것은?


## 4 문제 해결하기

① 우선 선택지를 보고 빈칸에 들어갈 말이 단어인지, 어구인지, 접속사인지, 문장인지를 파악하세요.

② 전체적으로 무엇에 관한 글인지를 파악한 후 선택지를 보면 빈칸에 들어갈 말이 주제를 묻는 것인지 세부사항을 묻는 것인지를 파악할 수 있습니다.

③ 빈칸에 무엇이 빠져있는지는 빈칸이 있는 문장과 그 앞뒤 문장에서 많은 단서를 찾을 수 있으니 꼼꼼히 따져봅니다.

④ 선택지에서 답을 고른 후 답을 빈칸에 넣어보아 내용의 흐름이 자연스럽고 논리적으로 연결되는지 확인하세요.

# Unit 11 빈칸 채우기

 **리딩 해법**

**A** 빈칸에 들어갈 말로 가장 적절한 것을 고르세요.  11-01

There are four seasons in Korea. Spring is warm. People go on picnics in spring. Summer is hot. People go swimming in summer. Then autumn is cool. Tree leaves turn red and yellow in autumn. Winter is cold. We see snow in ＿＿＿＿＿＿＿＿ . We can enjoy different seasons.

① winter ② spring
③ autumn ④ summer

 해법 전략 문제   다시 한번 읽고 다음의 질문에 답하세요.

1. 위 글의 중심 문장으로 가장 적절한 것을 고르세요.

① We can enjoy different seasons.
② People go swimming in summer.

2. 빈칸에 들어갈 말의 가장 중요한 단서가 되는 것을 고르세요.

① Summer is hot.
② Winter is cold.

 필수 어휘   11-02

| | | |
|---|---|---|
| **season** 계절 | **go on picnics** 소풍을 가다 | **go swimming** 수영하러 가다 |
| **autumn** 가을 | **tree leaves** 나뭇잎들 | **turn** ～로 변하다 |

 **B** 빈칸에 들어갈 말로 가장 적절한 것을 고르세요.  11-03

I often go to the playground with my friends. The playground is a ______________ place to play with my friends. There is a slide at the playground. Also there is a seesaw at the playground. We can enjoy a lot of things at the playground.

① dangerous
② cold
③ good
④ dry

 **해법 전략 문제** 다시 한번 읽고 다음의 질문에 답하세요.

**1.** 위 글의 중심 소재로 가장 적절한 것을 고르세요.

① playground
② my friends

**2.** 빈칸에 들어갈 말의 가장 중요한 단서가 되는 것을 고르세요.

① There is a slide in the playground.
② We can enjoy a lot of things in the playground.

**필수 어휘**  11-04

| | | |
|---|---|---|
| **often** 자주 | **playground** 놀이터 | **place** 장소 |
| **slide** 미끄럼틀 | **also** 또한 | **seesaw** 시소 |

**1.** 빈칸에 들어갈 말로 가장 적절한 것을 고르세요. 

This is about Minsu's ____________ routine. He always gets up early, around 6 a.m. He yawns and stretches. He gets out of bed. Then he walks to the bathroom and washes his face. Next, he has breakfast with his family. Last, he goes to school.

① daily
② morning
③ afternoon
④ night

**필수 어휘**  

| | | |
|---|---|---|
| **about** ~에 관한 | **routine** 일과 | **yawn** 하품하다 |
| **stretch** 기지개를 펴다 | **next** 다음에 | **last** 마지막으로 |

**2.** 빈칸에 들어갈 말로 가장 적절한 것을 고르세요. 

My mom is ____________. She has a cold. She has a fever. She has to see a doctor. She says that she is okay. But I think she should take care of herself. I will take her to the hospital and take care of my mom today.

① funny
② angry
③ sick
④ strong

**필수 어휘** 

| | | |
|---|---|---|
| **cold** 감기 | **fever** 열 | **have[has] to** ~해야 한다 |
| **see a doctor** 진찰을 받다 | **take care of** 돌보다 | **herself** 그녀 자신을 |

**3.** 빈칸에 들어갈 말로 가장 적절한 것을 고르세요.  11-09

> I can do many things with my family during summer vacation. My family goes to the beach and ______________ in the sea. My dad goes fishing. My mom collects shells. My sister and I build a sandcastle. We spend a great time at the beach.

① runs
② walks
③ climbs
④ swims

**필수 어휘**  11-10

**during** ~ 동안 　　**vacation** 방학 　　**collect** 모으다
**shell** 조개 껍질 　　**build** 만들다, (건물을) 짓다 　　**sandcastle** 모래성

**4.** 빈칸에 들어갈 말로 가장 적절한 것을 고르세요.  11-11

> It is very hot in summer so Minji likes to go swimming at the pool. She is good at swimming. She jumps into the ______________. She dives off the diving board. She can swim 50 meters without a break. Also she slides down the waterslides. She really enjoys swimming.

① sea
② ground
③ water
④ lake

**필수 어휘**  11-12

**be good at** ~을 잘하다 　　**jump into** ~로 뛰어들다 　　**dive off** ~에서 다이빙하다
**diving board** 다이빙 도약대 　　**without** ~없이 　　**break** 중단, 휴식
**slide down** ~ 아래로 미끄러져 내려오다

 중요 표현 익히기

**A** ‘**get**’을 이용한 중요 표현을 익혀 봅시다.

- **get up** 일어나다
- **get on the bus** 버스를 타다
- **get out of bed** 침대에서 나오다
- **get off the bus** 버스에서 내리다

 위의 표현을 사용하여 문장의 빈칸을 채우세요.

**1.** 7시야. 너는 지금 일어나야 해.

It's 7 o'clock. You should ＿＿＿＿＿＿＿＿＿＿ now.

**2.** 학교 버스가 도착하면 학생들은 버스를 탄다.

When the school bus arrives, the students ＿＿＿＿＿＿＿＿＿＿.

**3.** 버스에서 내릴 때 우산을 두고 내리지 마세요.

Don't leave your umbrella behind when you ＿＿＿＿＿＿＿＿＿＿.

**B** ‘**be good at**’을 이용한 중요 표현을 익혀 봅시다.

- I **am good at** math.
- She **is good at** speaking English.
- You **are good at** science.
- They **are good at** singing.

 위의 표현을 사용하여 문장의 빈칸을 채우세요.

**1.** I ＿＿＿＿＿＿＿＿＿＿ playing soccer. I want to be a soccer player.

**2.** Jina ＿＿＿＿＿＿＿＿＿＿ playing the piano. She started playing the piano five years ago.

**3.** We ＿＿＿＿＿＿＿＿＿＿ drawing pictures. We are in the drawing club.

## 필수 어휘 복습하기

**A** 빈칸에 들어갈 알맞은 말을 고르세요.

1. My favorite ______________ is summer.

   ⓐ place                    ⓑ shell
   ⓒ season                   ⓓ playground

2. Todd is good ______________ cooking.

   ⓐ into                     ⓑ of
   ⓒ off                      ⓓ at

3. Clouds ______________ gray before it rains.

   ⓐ stretch                  ⓑ turn
   ⓒ collect                  ⓓ build

**B** 빈칸에 들어갈 알맞은 말을 보기에서 골라 쓰세요.

| yawn | collect | build |
|---|---|---|

1. I like to ______________ coins.

2. The children ______________ sandcastles on the beach.

3. Many students ______________ in class.

**A** NEAT 실전 문제 유형을 풀어보세요.

## 국가영어능력평가시험 

빈칸에 들어갈 말로 가장 적절한 것은?

Dear new friends,

I am from London. I am eleven years old. Everything in Korea is new to me. My dad is an English teacher. He speaks Korean well. But I can speak Korean just a little. I want to learn Korean. And I'd like to be your _______________ . See you!

Best wishes,
Jessica

① family
② friend
③ teacher
④ student

## 국가영어능력평가시험

빈칸에 들어갈 말로 가장 적절한 것은?

Many people have pet dogs. Pet dogs and their _____________ can be best friends. Dog owners give homes to their dogs and feed them. Some people even buy their dogs clothes. Some dog owners play with their pet dogs in the park, too.

① mom
② puppies
③ owners
④ zookeepers

# OPEN NEAT

# 지칭 / 지시 대상 찾기

**차례**

## 1 문제 보기

### 국가영어능력평가시험 

밑줄 친 them이 가리키는 대상으로 가장 적절한 것은?

My sister has two pet dogs. She always takes care of them. She feeds them and plays with them. She often walks them in the park. But I don't like them. When I want to sleep more, they bark at me and wake me up early in the morning.

① two pet cats
② two pet dogs
③ two friends
④ two sisters

## 2 문제 풀이

- 지문 해석: 내 여동생에게는 두 마리의 애완견이 있다. 그녀는 항상 그들을 돌본다. 그녀는 그들에게 먹이를 주고 그들과 논다. 그녀는 종종 공원에서 개들을 산책시킨다. 하지만 나는 그들을 좋아하지 않는다. 그들은 내가 더 자고 싶을 때도 아침 일찍 멍멍 짖어서 나를 깨운다.

- 문제 풀이: them은 앞 문장의 'She has two pet dogs.'에 나온 two pet dogs를 나타냅니다.

- 정답: ②번

# 3 문제 파고 들기

① 지칭 / 지시 대상 찾기란 어떤 문제인가요?

- 밑줄 친 대상이 글의 내용 속에서 무엇을 말하는 것인지를 파악하는 문제로 지시 대상을 추론하는 문제입니다.
- 밑줄 친 부분이 무엇인지를 선택지에서 고르거나, 밑줄 친 부분들 중 가리키는 대상이 나머지 셋과 다른 하나를 고르는 문제입니다.

② 지칭 / 지시 대상 찾기 문제에는 어떤 지시문이 나오나요?

- 밑줄 친 it이 가리키는 대상으로 가장 적절한 것은?
- 밑줄 친 (a)~(d) 중에서 가리키는 대상이 나머지 셋과 다른 것은?

# 4 문제 해결하기

① 먼저 글을 빠르게 훑어보아 전체적으로 무엇에 관한 내용인지 주제와 소재를 파악하세요.

② 밑줄 친 부분이 대명사라면, 대명사는 앞에 나온 명사를 대신하는 말이므로 밑줄 친 문장 앞에 나온 명사가 무엇인지를 파악해 봅니다.

③ 밑줄 친 부분이 무엇을 가리키는지를 찾는 문제의 경우라면, 글 속에서 빈번히 나오는 대상이 주로 정답의 단서가 됩니다.

④ 밑줄 친 부분이 가리키는 대상이 다른 하나를 고르는 문제의 경우라면, 각각의 밑줄이 무엇을 가리키는지 하나하나 문맥상 따져 보아야 합니다.

# Unit 12

# 지칭 / 지시 대상 찾기

 **리딩 해법**

**A** 밑줄 친 It이 가리키는 대상으로 가장 적절한 것을 고르세요.  12-01

Do you walk a lot every day? It is good exercise. You can walk around your neighborhood or park. Also if you want to lose weight, walking is good exercise. If you take a walk for 30 minutes after each meal, it will help you lose weight.

① Walking　　　　　② Running

③ Swimming　　　　④ Cycling

 해법 전략 문제　다시 한번 읽고 다음의 질문에 답하세요.

1. 위 글의 중심 소재로 가장 적절한 것을 고르세요.

　① walking

　② exercise

2. 밑줄 친 It이 무엇을 가리키는지 가장 중요한 단서가 되는 문장을 고르세요.

　① Do you walk a lot every day?

　② It will help you lose weight

 **필수 어휘**　12-02

| | | |
|---|---|---|
| **a lot** 많이 | **exercise** 운동 | **neighborhood** 동네 |
| **lose weight** 체중을 줄이다 | **take a walk** 걷다 | **each meal** 매 식사 |

 **B** 밑줄 친 <u>them</u>이 가리키는 대상으로 가장 적절한 것을 고르세요.  12-03

Tomorrow is my mother's birthday. Every year I give my mom flowers on her birthday. I go to a flower shop and buy red roses. My mom puts her flowers in a vase. I think she likes <u>them</u>.

① vases
② flowers
③ parties
④ birthdays

 해법 전략 문제  다시 한번 읽고 다음의 질문에 답하세요.

1. 위 글의 중심 소재로 가장 적절한 것을 고르세요.

   ① a flower shop
   ② flowers

2. 밑줄 친 <u>them</u>이 무엇을 가리키는지 가장 중요한 단서가 되는 문장을 고르세요.

   ① Tomorrow is my mother's birthday.
   ② My mom puts her flowers in a vase.

 필수 어휘  12-04

| | | |
|---|---|---|
| **every year** 해마다 | **flower shop** 꽃가게 | **buy** 사다 |
| **put ~ in ...** ~을 …에 넣다 | **vase** 꽃병 | |

**1.** 밑줄 친 <u>They</u>가 가리키는 대상으로 가장 적절한 것을 고르세요.  12-05

> I like watching baseball games. <u>They</u> are very exciting. I often go to the baseball field with my dad. When my favorite team wins the game, I cheer. But when it loses a game, I feel down. I hope my favorite team wins all the time.

① Basketball games　　② Tennis games

③ Soccer games　　④ Baseball games

**필수 어휘** 12-06

| | | |
|---|---|---|
| **exciting** 신나는 | **baseball field** 야구장 | **favorite** 가장 좋아하는 |
| **cheer** 환호하다 | **feel down** 낙담하다 | **all the time** 항상 |

**2.** 밑줄 친 <u>them</u>이 가리키는 대상으로 가장 적절한 것을 고르세요.  12-07

> I have good neighbors. They live next to my house. They are kind. They often invite my family for dinner. My parents often invite <u>them</u> for lunch too. I play basketball with my neighbors near my house. I love my neighbors.

① neighbors　　② players

③ friends　　④ classmates

**필수 어휘** 12-08

| | | |
|---|---|---|
| **neighbors** 이웃들 | **next to** ~ 옆에 | **kind** 친절한 |
| **invite** 초대하다 | **parents** 부모님들 | **near** ~ 가까이 |

**3.** 밑줄 친 <u>They</u>가 가리키는 대상으로 가장 적절한 것을 고르세요.  12-09

My friend Sujin emailed me yesterday. She and I were in the same school but she moved to Pusan last year. We were close friends. She says she will visit her grandparents this summer vacation. <u>They</u> live in my village. It's good news because we can see each other.

① Sujin's friends　　　　　② Sujin's parents
③ Sujin's grandparents　　④ Sujin's cousins

**필수 어휘**  12-10

| | | |
|---|---|---|
| **email** 이메일을 쓰다 | **last year** 작년에 | **grandparents** 할아버지 할머니 |
| **vacation** 방학 | **village** 마을 | **each other** 서로 |

**4.** 밑줄 친 <u>them</u>이 가리키는 대상으로 가장 적절한 것을 고르세요.  12-11

My family likes different vegetables. So there are different kinds of <u>them</u> in the refrigerator. My dad likes carrots. My mom likes spinach. My sister likes radishes. I like peppers. We have carrots, spinach, radishes and peppers all the time.

① kinds　　　　　② vegetables
③ peppers　　　　④ spinach

**필수 어휘**  12-12

| | | |
|---|---|---|
| **different** 다른 | **vegetables** 채소 | **refrigerator** 냉장고 |
| **spinach** 시금치 | **radish** 무 | **pepper** 고추 |

**A** '**gain / lose**'를 이용한 중요한 표현을 익혀 봅시다.

- **gain weight** 몸무게가 늘다
- **gain a victory** 승리하다
- **lose weight** 몸무게를 줄이다
- **lose a game** 경기를 지다

표현연습 위의 표현을 사용하여 문장의 빈칸을 채우세요.

**1.** Don't eat too many hamburgers. You can ___________________________.

**2.** I am too fat. I have to ___________________________.

**3.** When the soccer players ___________________________, they usually look sad.

**B** 위치를 나타내는 중요 표현을 익혀 봅시다.

- **next to** ~ 옆에
- **over** ~ 너머로, ~ 위로
- **near** ~ 가까이에
- **under** ~ 아래에
- **around** ~ 주위에
- **between** ~ 사이에

표현연습 위의 표현을 사용하여 문장의 빈칸을 채우세요.

**1.** 학생들이 캠프 파이어 주위에 둘러 앉아있다.

The students are sitting _____________ the campfire.

**2.** 내 자동차가 트럭과 버스 사이에 있다.

My car is _____________ a truck and a bus.

**3.** 수미는 웅덩이를 뛰어넘는다.

Sumi jumps _____________ a puddle.

## 필수 어휘 복습하기

**A** 빈칸에 들어갈 알맞은 말을 고르세요.

1. Mom puts some roses in a(n) ____________ .

   ⓐ exercise　　　　　　ⓑ fan
   ⓒ vase　　　　　　　　ⓓ village

2. We like ____________ food from each other.

   ⓐ different　　　　　　ⓑ empty
   ⓒ kind　　　　　　　　ⓓ exciting

3. I ____________ my friends to my birthday party.

   ⓐ buy　　　　　　　　ⓑ invite
   ⓒ cheer　　　　　　　ⓓ feel down

**B** 빈칸에 들어갈 알맞은 말을 보기에서 골라 쓰세요.

| neighborhood | neighbor | refrigerator |
| --- | --- | --- |

1. Steven is my new ________________ .

2. There is a bottle of apple juice in the ________________ .

3. My ________________ has many parks and libraries.

 NEAT 실전 문제 유형을 풀어보세요.

## 국가영어능력평가시험 

밑줄 친 It이 가리키는 대상으로 가장 적절한 것은?

Winter comes every year. It is cold so I don't like playing outside in winter. I want to stay in my house. But when it snows, I go skiing. I like winter because I can go skiing. Underline It is a very exciting sport.

① Four seasons
② My family
③ Skiing
④ Sport

 NEAT 실전 문제 유형을 풀어보세요.

## 국가영어능력평가시험

밑줄 친 <u>it</u>이 가리키는 대상으로 가장 적절한 것은?

I like my new smart phone. I can use it for my homework. I can find information anywhere with <u>it</u>. I can send emails to my friends. Of course, I can make a phone call. It is like I have a small computer in my hand.

① a new smart phone
② a computer
③ a new camera
④ homework

OPEN NEAT

# READING Level 1 📖

# 실전 유형 평가

**1** 다음 글의 주제로 가장 적절한 것은?

Children do many activities after school. They are busy in the afternoon. Some children go to after school programs. Others enjoy sports like soccer, baseball, and basketball. They do their favorite things with their friends.

① 어린이들의 하루 일과
② 방과 후 어린이들의 활동
③ 어린이들이 좋아하는 과목
④ 친구 사귀기

**2** 다음 글의 제목으로 가장 적절한 것은?

People have different hobbies. They enjoy many kinds of hobbies during their free time. Some people enjoy sports like soccer and hiking. Others enjoy watching movies or reading books. What kind of hobbies do you have?

① 최신 개봉 영화
② 수영의 여러 가지 종류
③ 다양한 취미 활동
④ 주말 등산 프로그램

**3** 다음 글의 요지로 가장 적절한 것은?

I usually have five classes a day. I like my math teacher. She is very kind to me. She smiles at me. I often ask her questions. She kindly answers all of them. So when I have any difficult questions, I go to my teacher in class. I like my math teacher.

① 나는 수학 선생님을 좋아한다.
② 나는 수학 과목을 좋아한다.
③ 내가 싫어하는 과목은 수학이다.
④ 내게는 좋은 선생님들이 많이 있다.

**4** 다음 글을 쓴 목적으로 가장 적절한 것은?

Hi friends,

I'd like to play soccer with you this Saturday morning. Let's meet at the playground at 11 a.m. Please wear your soccer uniforms and shoes. I hope you can come to this game. See you then. Bye!

Your friend,
Jongmin

① 친구들과 점심을 먹기 위해  　　② 친구들에게 공을 차는 방법을 알려주기 위해
③ 축구 경기에 친구들을 초대하기 위해  　　④ 친구들과 멋진 주말을 보내기 위해

**5** 다음 글의 주장으로 가장 적절한 것은?

People use their computers. Many people work with their computers. Children use computers, too. But some children play computer games too late at night. Then they get up late the next morning. Children should not play too many computer games.

① 어린이들은 컴퓨터 사용법을 배워야 한다.
② 어린이들은 아침에 일찍 일어나야 한다.
③ 어린이들은 너무 많은 컴퓨터 게임을 하지 말아야 한다.
④ 어린이들은 컴퓨터 게임에 너무 많은 돈을 쓰지 말아야 한다.

**6** World Zoo에 대한 다음 글에서 언급되지 <u>않은</u> 것은?

### Rules of World Zoo

Welcome to World Zoo! We have some rules at the zoo. Do not shout at the animals. And do not feed the animals because they have their own food. We hope you have a good time at World Zoo.

① 동물원의 위치      ② 환영의 인사말

③ 동물원에서 지켜야 할 규칙      ④ 동물에게 먹을 것을 주면 안 되는 이유

**7** 다음 글에서 묘사된 컴퓨터의 특징으로 언급되지 <u>않은</u> 부분은?

People use computers every day. They look at the screen. They can see images and text on the screen. They type on the keyboards. They use a computer mouse to move the cursor on the screen.

①      ②      ③      ④

**8** 야유회에 관한 다음 글의 내용과 일치하지 <u>않는</u> 것은?

### Let's Go Camping!

Summer is here! It's time to go camping.
You can have a great weekend at Han Camp.

- Please bring your tent with you.
- You can cook at the campsite with your family.
- For more information, call us at 245-236-8380.

① 여름은 캠핑하기에 좋은 계절이다.
② 주말에 Han Camp에서 즐거운 시간을 보낼 수 있다.
③ 텐트는 Han Camp에서 제공한다.
④ 가족과 함께 요리를 해 먹을 수 있다.

**9** 음악 수업에 관한 다음의 내용과 일치하지 <u>않는</u> 것은?

Children like music classes. They learn beautiful melodies and exciting rhythm in music class. Also they learn how to play the piano, violin, and drums in music class. Then they enjoy music at school and at home.

① 어린이들은 음악 수업을 좋아한다.
② 어린이들은 아름다운 멜로디와 신나는 박자를 배운다.
③ 어린이들은 악기 연주법을 배운다.
④ 어린이들은 학교에서만 악기를 연주한다.

**10** 다음 글의 내용에 따른 그림의 순서로 가장 적절한 것은?

Can you make a sandwich? First, put a frying pan on the stove. Then put slices of bread in the pan and toast them. Next, fry eggs in the pan. Last, put the fried eggs together with some ham, cheese, and vegetables between the toasted slices of bread and enjoy!

(A)     (B)     (C)     (D) 

① (A) – (B) – (D) – (C)
② (B) – (D) – (C) – (A)
③ (C) – (A) – (B) – (D)
④ (D) – (C) – (A) – (B)

**11** 빈칸에 들어갈 말로 가장 적절한 것은?

Jane is a child. She likes to play with a toy dog. She always holds it. She goes out with it and sits on a bench. A dog walks toward her toy dog. Suddenly, __________ barks at it. She is scared and cries out.

① the dog
② Jane's toy dog
③ Jane
④ Jane's friend

**12** 다음 중 밑줄 친 it이 가리키는 대상으로 가장 적절한 것은?

I have an old computer. I hate it because it doesn't work well. Sometimes the screen shuts down so I can't find any information, and I can't do my homework. I want to buy a new one. I don't want to use it anymore.

① the monitor screen
② the old computer
③ the homework
④ the new computer

# OPEN NEAT

National English Ability Test

## READING

Level 1

정답 및 해석

# Part 1 중심 내용 찾기

## Unit 01 주제 찾기

### 리딩 해법 – 해법 전략 문제  pp.14-15

| A ④ | 1. ② | 2. ① |
|---|---|---|
| B ④ | 1. ① | 2. ② |

**A**

학교 첫날이다. 교실에 새 선생님이 들어오신다. 나는 이 선생님을 처음 본다. 선생님은 키가 크고 체격이 조금 크다. 선생님은 양복을 입고 노란색 넥타이를 매고 있다. 선생님은 안경을 썼다. 선생님은 친절해 보인다. 나는 선생님이 정말 마음에 든다.

**해법 전략 문제**

1. ① 학교 첫날
   ② 새로 오신 선생님

2. ① 교실에 새 선생님이 들어오신다.
   ② 그는 키가 크고 체격이 조금 크다.

**B**

우리 엄마는 최고의 요리사이다. 엄마는 우리 가족을 위해 맛있는 음식을 만든다. 엄마는 종종 내 숙제를 도와준다. 엄마는 매일 내 방을 청소한다. 엄마는 쇼핑을 가서 우리 가족을 위해 여러 가지 물건들을 산다. 우리 엄마는 무척 바쁘다.

**해법 전략 문제**

1. ① 우리 엄마
   ② 맛있는 음식

2. ① 엄마는 종종 내 숙제를 도와준다.
   ② 우리 엄마는 무척 바쁘다.

### 실전 유형 대비하기  pp.16-17

| 1. ① | 2. ③ | 3. ③ | 4. ① |
|---|---|---|---|

**1.**

수진이는 언제나 아침 일찍 일어난다. 수진이는 보통 버스를 타고 학교에 간다. 하지만 가끔 아빠가 학교까지 차로 태워다 주기도 한다. 수진이는 학교가 끝난 후 친구들과 논다. 수진이는 친구들과 인터넷 게임을 하는 걸 좋아한다. 수진이는 집에 와서 샤워를 한다. 수진이는 가족과 함께 저녁을 먹는다.

**2.**

사람들은 보통 식사 전에 손을 씻는다. 물로 손을 적신다. 그런 다음, 손에 비누를 묻힌다. 손을 서로 비빈다. 마지막으로, 손을 헹군 다음 말린다. 식탁에 앉아 음식을 먹는다.

**3.**

수용이는 아침 7시 30분에 일어난다. 수용이는 세수를 한다. 수용이는 머리를 빗는다. 그런 다음 셔츠를 입는다. 수용이는 가족과 아침을 먹는다. 아침 식사 후에는 이를 닦는다. 그는 버스를 타고 학교에 간다.

**4.**

미영이는 잔디밭에 앉는 걸 좋아한다. 그녀는 옷장에서 깔개를 꺼낸다. 깔개를 들고 잔디밭으로 간다. 잔디 위에 깔개를 깐다. 그녀는 그 위에 앉는다. 산들바람이 분다. 그녀는 상쾌하고 기분이 좋다.

### 중요 표현 익히기  p.18

| A | 1. take an umbrella | 2. take a shower |
|---|---|---|
|   | 3. take a picture | |

| B | 1. go shopping | 2. go swimming |
|---|---|---|
|   | 3. go fishing | |

**A**

1. It's raining outside. You should take an umbrella.
   밖에 비가 내려. 우산을 가져가.

2. I got wet from the rain. I want to take a shower.
   나는 비에 젖었다. 샤워를 하고 싶다.

3. I like to go to the garden and <u>take a picture</u> of the flowers.

나는 정원에 가서 꽃 사진을 찍는 걸 좋아한다.

**B**

1. I'll <u>go shopping</u> tomorrow.

나는 내일 쇼핑을 갈 것이다.

2. I <u>go swimming</u> on Saturdays.

나는 토요일마다 수영을 간다.

3. My father will <u>go fishing</u> this weekend.

우리 아빠는 이번 주말에 낚시를 갈 것이다.

## 필수 어휘 복습하기

p.19

**A** 1. ⓐ    2. ⓑ    3. ⓒ

**B** 1. before a meal    2. a little
3. after school

**A**

1. It's my <u>first</u> visit to New York.

이것은 나의 첫 번째 뉴욕 방문이다.

2. My grandparents <u>wear</u> glasses and read books.

우리 할아버지 할머니는 안경을 쓰고 책을 읽는다.

3. She washes her hands with <u>soap</u>.

그녀는 비누로 손을 씻는다.

**B**

1. We wash our hands <u>before a meal</u>.

우리는 식사 전에 손을 씻는다.

2. I was <u>a little</u> late for school.

나는 학교에 조금 늦었다.

3. Tom and Jack play soccer <u>after school</u>.

톰(Tom)과 잭(Jack)은 수업이 끝나고 축구를 한다.

## 단원 평가

pp.20-21

**A** ③    **B** ④

**A**

종수는 학교에 자기 사물함을 가지고 있다. 종수의 사물함은 2층에 있다. 종수는 매일 사물함을 사용한다. 그는 사물함에 책을 넣어 놓는다. 그는 사물함에 축구 유니폼을 넣어 놓는다. 그는 항상 사물함 열쇠를 가지고 다닌다.

**필수 어휘**

locker 사물함 / second floor 2층 / put 놓다 /
soccer 축구 / uniform 유니폼 / always 항상 /
bring 가져오다 / key 열쇠

**해설**

종수의 사물함이 어디에 있고, 그 사물함을 어떻게 사용하고 있는지에 대한 내용이므로 주제는 ③번입니다.

**B**

동민이는 수업이 끝나면 여러 가지 야외 활동을 하려고 한다. 그는 친구들과 자전거를 탄다. 가끔 학교 운동장에서 친구들과 축구도 한다. 그는 종종 친구들과 하이킹도 즐긴다.

**필수 어휘**

outdoor activities 야외 활동들 / after school 방과 후 /
ride 타다 / bike 자전거 / sometimes 가끔 /
playground 운동장 / often 자주 / enjoy 즐기다 /
hiking 도보 여행

**해설**

동민이가 방과 후에 어떤 야외 활동들을 하며 누구와 어디에서 하는지에 대한 내용이므로 주제는 ④번입니다.

## 리딩 해법 – 해법 전략 문제

pp.22-23

**A** ②    1. ①    2. ②

**B** ①    1. ①    2. ①

**A**

꽃은 아름답다. 꽃은 향기가 좋다. 그래서 사람들은 꽃을 좋아한다. 많은 사람들이 직접 꽃을 기른다. 어떤 사람들은 정원에

꽃을 기른다. 또 다른 사람들은 자기 집이나 사무실에서 꽃이
피는 식물을 기른다.



1. ① 꽃
   ② 정원

2. ① 꽃은 아름답다.
   ② 많은 사람들이 직접 꽃을 기른다.

## B

물과 공기는 사람과 식물에게 중요하다. 사람은 물이 필요하다.
식물도 물이 필요하다. 사람은 공기가 필요하다. 식물도 공기가
필요하다. 그러나 사람은 음식이 필요하지만 식물은 음식이 필
요 없다. 대신 식물은 햇빛이 필요하다.



1. ① 물과 공기
   ② 음식과 햇빛

2. ① 물과 공기는 사람과 식물에게 중요하다.
   ② 대신 식물은 햇빛이 필요하다.

## 실전 유형 대비하기                    pp.24-25

| 1. ④ | 2. ④ | 3. ② | 4. ③ |
|---|---|---|---|

**1.**

오늘은 바람이 분다. 구름이 끼고 어둡다. 태양이 구름 뒤로 숨
는다. 비가 내리기 시작한다. 비가 내 옷 위로 떨어진다. 나는
우산을 갖고 있지 않다. 나는 비에 젖는다. (비가 오면) 밖에서
놀 수가 없기 때문에 나는 비 오는 날을 좋아하지 않는다.

**2.**

우리 학교에는 도서관이 있다. 도서관에는 책이 많이 있다. 나
는 책 읽는 것을 좋아한다. 나는 종종 도서관에 가서 책을 읽는
다. 나는 책을 빌릴 수 있다. 거기서 공부할 수 있다. 나는 거기
서 컴퓨터도 사용할 수 있다. 학교 도서관은 내게 무척 쓸모가
있다.

**3.**

진수는 어린아이다. 진수에게는 애완견이 있다. 진수는 자기 개
를 무척 좋아한다. 매일 아침, 진수는 개를 데리고 공원에 간다.
그리고 그들은 함께 달리기를 한다. 그의 개는 귀엽고 영리하
다. 그 애완견은 진수의 가장 친한 친구이다.

**4.**

나는 종종 우리 가족과 등산을 한다. 우리는 가방에 간식이나
음료수를 넣어 간다. 우리는 소풍 구역에서 함께 맛있게 점심을
먹는다. 나는 산에 오를 때는 피곤하다. 그러나 산 꼭대기에 오
르면 기분이 좋다.

## 중요 표현 익히기                    p.26

| A | 1. to work | 2. to take | 3. to laugh |
|---|---|---|---|
| B | 1. reading | 2. playing | 3. trying |

## A

1. He starts working at the shop.
   = He starts <u>to work</u> at the shop.
   그는 가게에서 일하기 시작한다.

2. I started taking a shower.
   = I started <u>to take</u> a shower.
   나는 샤워하기 시작했다.

3. We started laughing.
   = We started <u>to laugh</u>.
   우리는 웃기 시작했다.

## B

1. Sumi likes to read stories.
   = Sumi likes <u>reading</u> stories.
   수미는 이야기 책을 읽는 것을 좋아한다.

2. We like to play on the playground.
   = We like <u>playing</u> on the playground.
   우리는 운동장에서 노는 것을 좋아한다.

3. My mom likes to try new food.
   = My mom likes <u>trying</u> new food.
   우리 엄마는 새로운 음식을 먹어 보는 걸 좋아한다.

| A | 1. ⓓ | 2. ⓒ | 3. ⓑ |
|---|---|---|---|
| B | 1. borrow | 2. grows | 3. hides |

## A

1. The flowers <u>smell</u> very good.
   그 꽃들은 향이 무척 좋다.

2. It's <u>windy</u> today. Put your jacket on!
   오늘은 바람이 분다. 재킷을 입어라.

3. We <u>climb</u> a mountain every weekend.
   우리는 주말마다 등산을 간다.

## B

1. I <u>borrow</u> some books from the library.
   나는 도서관에서 책을 몇 권 빌린다.

2. Mom <u>grows</u> many plants in the garden.
   엄마는 정원에 여러 가지 식물을 기른다.

3. My younger brother often <u>hides</u> under the bed.
   내 남동생은 종종 침대 밑에 숨는다.

---

## 단원 평가     pp.28-29

| A ④ | B ④ |
|---|---|

## A

우리 학교 규칙. 우리는 수업 중에는 조용히 해야 한다. 우리는 선생님 말씀을 잘 들어야 한다. 바닥에서 미끄러지거나 넘어질 수 있기 때문에 복도에서 뛰면 안 된다. 친구들과 싸우면 안 된다. 모든 학생들은 학교 규칙을 따라야 한다.

### 필수 어휘

rule 통제하다 / must 해야 한다 / quiet 조용한 /
in class 수업 중에 / have to ~해야 한다 /
listen to ~을 듣다 / should not 하면 안된다 /
hallway 복도 / because 왜냐하면 / may ~할지도 모른다 /
slip 미끄러지다 / fall 넘어지다 / floor 바닥 /
fight with ~와 싸우다 / all 모든 / follow 지키다 /
rules 규칙들

### 해설

학교의 규칙을 따라야 한다고 말하기 위하여 여러 가지 학교의 규칙들을 설명하는 내용이므로 글의 요지는 ④번입니다

## B

물은 중요하다. 우리는 매일 물을 마신다. 우리는 씻거나 샤워를 하기 위해 물을 사용한다. 우리는 요리를 할 때도 물을 사용한다. 사람은 누구나 살기 위해 물이 필요하지만, 사용할 물이 충분하지가 않다. 우리는 물을 낭비해서는 안 된다.

### 필수 어휘

water 물 / important 중요한 / drink 마시다 /
every day 매일 / use 사용하다 / wash 씻다 /
take showers 샤워를 하다 / cooking 요리 / all 모든 /
people 사람들 / need 필요하다 / live 살다 /
enough 충분한 / waste 낭비하다

### 해설

샤워, 요리, 생수용 등으로 쓰이는 물은 우리 생활에 중요하며 충분히 있지 않기 때문에 물을 낭비하지 않기를 권하는 내용이므로 글의 요지는 ④번입니다.

---

## 리딩 해법 – 해법 전략 문제     pp.30-31

| A ② | 1. ① | 2. ① |
|---|---|---|
| B ① | 1. ② | 2. ① |

## A

나는 동물을 좋아한다. 나는 종종 동물원에 간다. 나는 동물원에서 여러 가지 동물을 볼 수가 있다. 동물원에는 많은 종류의 동물들이 산다. 원숭이는 귀엽고 영리하다. 호랑이는 바위 주위를 걸어 다닌다. 기린은 목이 길다. 코끼리는 코가 길다.

### 해법 전략 문제

1. ① 동물원
   ② 코끼리

2. ① 동물원에는 많은 종류의 동물들이 산다.
   ② 코끼리는 코가 길다.

**B**

우리 가족은 함께 일한다. 우리는 서로 돕는다. 아빠는 아침에 쓰레기를 내다 놓는다. 그리고 종종 엄마가 요리하는 걸 돕는다. 엄마는 설거지를 한다. 언니는 빨래를 한다. 나는 내 방을 청소한다. 나는 좋은 가족과 함께 사는 게 기쁘다.

**해법 전략 문제**

1. ① 우리 엄마와 아빠
   ② 우리 가족

2. ① 우리 가족은 서로 돕는다.
   ② 우리 엄마는 설거지를 한다.

## 실전 유형 대비하기   pp.32-33

| 1. ① | 2. ③ | 3. ③ | 4. ① |
| --- | --- | --- | --- |

**1.**

오늘 여동생이 아프다. 여동생은 열이 난다. 감기에 걸려서 침대에 누워 있다. 엄마가 수프를 가져 오지만 먹지를 못한다. 여동생은 침대에서 나오지 못한다. 아무것도 마시지 못한다. 잠도 잘 못 잔다. 그녀는 의사 선생님 진찰을 받을 필요가 있다.

**2.**

어린이날은 어린이들에게 특별한 날이다. 한국에서는 어린이날이 5월 5일이다. 휴일이기 때문에 어린이들은 수업이 없다. 아이들은 엄마 아빠한테서 선물을 받는다. 아이들을 위한 행사가 많이 있다. 아이들은 부모와 함께 즐거운 하루를 보낸다.

**3.**

나는 딸기 잼을 좋아한다. 우리 엄마는 나에게 딸기 잼을 만들어 준다. 엄마는 싱싱한 딸기를 사서 설탕을 넣어 으깬다. 나는 토스트와 크래커에 딸기 잼을 바른다. 나는 엄마가 집에서 만든 딸기 잼을 좋아한다.

**4.**

존(John) 선생님과 캐시(Cathy) 선생님은 나의 선생님이다. 존 선생님은 수학 선생님이다. 가끔 내게 숙제를 많이 내주시지만, 수학 설명을 잘 해주신다. 캐시 선생님은 영어 선생님이다. 친절하시고 언제나 내게 미소를 지어 주신다. 나는 나의 선생님들이 좋다.

## 중요 표현 익히기   p.34

| **A** | 1. can | 2. cannot / can't |
| --- | --- | --- |
| | 3. cannot / can't | |
| **B** | 1. do the laundry | 2. wash the dishes |
| | 3. sweep the floor | |

**A**

1. 나는 영어를 말할 수 있다.
   I <u>can</u> speak English.

2. 그는 운전을 할 줄 모른다.
   He <u>cannot / can't</u> drive a car.

3. 코끼리는 나무에 못 오른다.
   An elephant <u>cannot / can't</u> climb a tree.

**B**

1. 나는 일주일에 한 번 빨래를 한다.
   I <u>do the laundry</u> once a week.

2. 나는 엄마가 설거지하는 것을 돕는다.
   I help my mom <u>wash the dishes</u>.

3. 나와 내 남동생은 매주 바닥을 빗자루로 쓴다.
   My brother and I <u>sweep the floor</u> every week.

## 필수 어휘 복습하기   p.35

| **A** | 1. ⓐ | 2. ⓓ | 3. ⓒ |
| --- | --- | --- | --- |
| **B** | 1. garbage | 2. parents | 3. holiday |

**A**

1. Tom is <u>sick</u>. He is resting in bed.
   톰(Tom)이 아프다. 그는 침대에서 쉬고 있다.

2. I often <u>spend</u> time with Lisa.
   나는 종종 리사(Lisa)와 시간을 보낸다.

3. Don't put too much <u>sugar</u> in your tea.
차에 설탕을 너무 많이 넣지 마세요.

**B**

1. Dad usually takes out the <u>garbage</u> at night.
아빠는 보통 밤에 쓰레기를 내다 놓는다.

2. What do your <u>parents</u> do?
너희 부모님은 무슨 일을 하시니?

3. Christmas is my favorite <u>holiday</u>.
크리스마스는 내가 제일 좋아하는 휴일이다.

## 단원 평가
pp.36-37

| **A** ③ | **B** ④ |
|---|---|

**A**

나는 책 읽는 것을 좋아한다. 나는 집에서나 학교에서 책을 읽는다. 우리 집에는 책이 많이 있다. 내 생일마다 우리 엄마는 항상 내게 새 책들을 사 준다. 나는 잠자기 전에 항상 이야기 책을 읽는다. 책은 나와 가장 친한 친구이다.

### 필수 어휘

read 읽다 / at home 집에서 / at school 학교에서 /
a lot of 많은 / on my birthdays 내 생일마다 /
always 항상 / buy 사주다 / new 새로운 / before ∼전에 /
go to bed 잠자리에 들다 / story 이야기 / best 가장 좋은

### 해설

첫 문장에서 '독서를 좋아한다 (I like to read books)'라고 주제를 밝힌 후, 어떻게 독서 생활을 하고 있는지에 대해 설명하고 있으므로 가장 적절한 제목은 ③번입니다.

**B**

나는 우리 가족을 좋아한다. 우리 식구는 4명이다. 우리 아빠는 영어 선생님이다. 우리 엄마는 간호사이다. 엄마는 병원에서 일한다. 내게는 여동생이 한 명 있다. 그녀는 키가 크고 예쁘다. 우리 가족은 행복하다.

### 필수 어휘

family 가족 / English teacher 영어 선생님 / nurse 간호사 /
hospital 병원 / pretty 예쁜

### 해설

내가 좋아하는 우리 가족 구성원 하나 하나를 소개하는 내용으로 그들이 무엇을 하는지, 어떻게 생겼는지 등을 설명하고 있으므로 제목으로 가장 적절한 것은 ④번입니다.

## 리딩 해법 – 해법 전략 문제
pp.38-39

| **A** ④ | 1. ① | 2. ② |
|---|---|---|
| **B** ② | 1. ① | 2. ② |

**A**

안녕 민지야,

나랑 동물원에 갈래? 캥거루, 코끼리, 사자, 호랑이 같은 여러 동물들이 있어. 거기 가면 재미있는 원숭이도 볼 수 있지. 난 동물원에 너랑 함께 가고 싶어. (같이 갈 건지 아닌지) 알려 줘. 안녕!

진심을 담아,
종민이가

### 해법 전략 문제

1. ① 동물원
   ② 재미있는 원숭이

2. ① 거기서 재미있는 원숭이도 볼 수 있다.
   ② 나는 동물원에 너와 함께 가고 싶다.

**B**

이번 토요일에 저희 World Amusement Park(세계 놀이공원)에 방문해 주세요. World Amusement Park는 이번 주 토요일에 문을 엽니다. 13세 미만 어린이들은 롤러코스터 무료 표를 받을 수 있습니다. 이번 토요일에 저희 놀이공원에 방문하셔서 즐거운 시간을 보내세요!

### 해법 전략 문제

1. ① 세계 놀이공원
   ② 롤러코스터

2. ① 13세 미만 어린이들은 롤러코스터 무료 표를 받을 수
   있다.
   ② 우리 놀이공원을 방문해서 즐거운 시간을 보내라.


## 실전 유형 대비하기
pp.40-41

**1.** ②      **2.** ①      **3.** ③      **4.** ①


**1.**

안녕 샐리(Sally),

이번 주 금요일에 사라(Sarah)와 나는 "댄싱 퀸(Dancing Queen)"이라는 영화를 볼 거야. 다들 그 영화가 굉장하대. 영화는 오후 6시 30분에 시작해. 우리는 너랑 영화를 같이 보고 싶어. 함께 갈 거면 전화해 줘. 나중에 보자.

진심을 담아,
에밀리(Emily)가


**2.**

어떤 아이들은 도로에서 뛰거나 공을 줍는다. 그러나 도로에는 전속력으로 달리는 차들이 많다. 그래서 어떤 아이들은 (차)사고를 당할지도 모른다. 아이들은 도로 위에서 놀면 안 된다.


**3.**

어떤 아이들은 밤에 너무 늦게까지 컴퓨터 게임을 한다. 그러면 그들은 아침에 늦게 일어난다. 그러면 이 아이들은 학교에 지각해서 하루 종일 피곤해할지도 모른다. 아이들은 일찍 잠자리에 들어야 한다. 아이들은 매일 밤 최소 8시간을 자야 한다.


**4.**

이번 토요일에는 운동회가 열립니다. 여러 가지 경기를 할 겁니다. 축구 경기와 농구 경기가 있을 겁니다. 그리고 친구들과 달리기 경주를 할 수도 있습니다. 여러분도 참여해서 우리와 함께 경기하는 게 어떨까요? 우리 모두 즐거운 시간을 보낼 거라고 확신합니다.


## 중요 표현 익히기
p.42

**A** 1. play basketball      2. play the piano
     3. play soccer

**B** 1. There is      2. There are      3. There are


**A**

1. 나는 친한 친구들과 농구하는 것을 좋아한다.
   I like to <u>play basketball</u> with my close friends.

2. 나의 누나들은 매일 피아노를 연주한다.
   My sisters <u>play the piano</u> every day.

3. 우리는 방과 후에 축구를 한다.
   We <u>play soccer</u> after school.


**B**

1. <u>There is</u> a clock on the wall.
   벽에 시계가 걸려 있다.

2. <u>There are</u> many stars in the sky.
   하늘에 별이 많다.

3. <u>There are</u> five students in the classroom.
   교실에 학생 5명이 있다.


## 필수 어휘 복습하기
p.43

**A** 1. ⓒ      2. ⓓ      3. ⓑ

**B** 1. free ticket      2. amusement park
     3. road


**A**

1. The stores <u>open</u> at 10:00 a.m.
   그 가게들은 오전 10시에 문을 연다.

2. The cheetah runs at full <u>speed</u>.
   치타는 전속력으로 달린다.

3. Why <u>don't</u> you rest? You look sick.
   쉬는 게 어때요? 아파 보여요.


**B**

1. Minsu has a <u>free ticket</u> for the new movie.
   민수는 새 영화 공짜 표를 가지고 있다.

2. I like to go to the <u>amusement park</u> with my friends.
   나는 친구들과 놀이공원에 가는 것을 좋아한다.

3. Be careful! The <u>road</u> is wet.
   조심하세요! 도로가 젖었어요.

| **A** ① | **B** ③ |
| --- | --- |

## A

이번 주 수요일은 스승의 날입니다. 우리 함께 선생님을 위한 파티를 계획해 봐요. 칠판에 감사의 인사말을 적을 거예요. 또 교실을 풍선과 그림으로 장식할 겁니다. 선생님이 기뻐할 겁니다. 우리 함께 파티를 즐겨요.

### 필수 어휘

Wednesday 수요일 / Let's ~. ~하자. /
Teacher's Day 스승의 날 / plan 계획하다 /
Thank You message 감사의 메시지 / board 칠판 /
also 또한 / decorate 장식하다 / balloons 풍선들 /
paintings 그림들 / enjoy 즐기다 / together 같이

### 해설

스승의 날 선생님을 위해 계획하고 있는 것들을 설명하는 것은 파티를 함께 준비하자고 권유하기 위해서이므로 이 글의 목적으로 가장 적절한 것은 ①번입니다.

## B

수진이에게,

너 비바 수영장(Viva Swimming Poo)이 어제 개장한 것 아니? 개장 기념 행사로 13세 미만 아이들은 입장료가 50% 할인이래. 그리고 모두에게 공짜 점심을 준대. 내일 우리 같이 거기 가자. 그때 봐!

진심을 담아,
민지가

### 필수 어휘

swimming pool 수영장 / opened 개장했다 /
yesterday 어제 / opening event 개점 행사 /
under 13 13세 이하 / 50% off 50% 할인된 /
ticket 입장권 / everybody 모든 사람 / free 무료의 /
sincerely 진심을 담아 (편지의 끝 맺음말)

### 해설

새로 문을 연 수영장의 여러 가지 혜택들을 설명하고 있는데, 그 목적은 수영장에 같이 가자고 하는 것이므로 정답은 ③번입니다.

# Unit 05 주장 찾기



| **A** ① | **1.** ② | **2.** ① |
| --- | --- | --- |
| **B** ② | **1.** ① | **2.** ① |

## A

우리 도시에는 많은 사람들이 있다. 나는 그들 중 한 사람이다. 당신도 그들 중 한 사람이다. 때로 우리는 서로 싸운다. 하지만 이는 우리 도시를 위해 좋은 게 아니다. 우리는 서로와 좋은 친구 관계를 유지해야 한다. 그러면 우리는 서로 행복하게 살 수 있다.

### 해법 전략 문제

1. ① 많은 사람들
   ② 좋은 친구 관계

2. ① 우리는 서로와 좋은 친구 관계를 유지해야 한다.
   ② 때로 우리는 서로 싸우기도 한다.

## B

우리는 학교에서 많은 것을 배운다. 가끔은 썩 재미있지 않다. 어떤 학생들은 과학을 좋아하지 않는다. 또 어떤 학생들은 음악을 싫어한다. 많은 학생들이 수학을 좋아하지 않는다. 하지만 이런 것들은 모두 중요하다. 그래서 우리는 모든 과목을 아주 열심히 공부해야 한다.

### 해법 전략 문제

1. ① 학교 교과목
   ② 굉장한 재미

2. ① 우리는 모든 과목을 아주 열심히 공부해야 한다.
   ② 많은 학생들이 수학을 좋아하지 않는다.



| **1.** ④ | **2.** ② | **3.** ④ | **4.** ② |
| --- | --- | --- | --- |

**1.**

많은 어린아이들이 비디오 게임 하는 것을 즐거워한다. 그러나 아이들은 싸움이나 (남을) 때리는 것 같은 나쁜 태도를 배울지도 모른다. 때로 어떤 아이들은 실제 생활에서 자기 친구들을 때리기도 한다. 아이들에게는 밖에서 노는 게 더 좋다. 축구나 야구 같은 스포츠가 비디오 게임보다 훨씬 더 도움이 된다.

**2.**

아이들은 TV 보는 것을 좋아한다. 때로 아이들은 너무 밤 늦게까지 TV를 본다. 하지만 이는 아이들 건강에 좋지 않다. 아이들은 잠을 많이 자야 한다. 잠을 자야 아이들이 건강하다. 그러니까 TV를 보느라 너무 늦게까지 깨어 있으면 안 된다. 밤에는 정말 제대로 자야 한다.

**3.**

여름은 밖에서 놀기에 아주 좋은 시기이다. 강에서 수영을 할 수 있다. 또는 산에 갈 수도 있다. 하지만 여름에는 사람들에게 좋지 않은 일이 생기기도 한다. 강이나 산에서 다치는 사람들이 있다. 그러니까 여름에 밖에서 놀 때는 조심해야 한다.

**4.**

사람은 누구나 돈이 필요하다. 사람들은 돈으로 옷을 산다. 가족은 함께 외식을 즐긴다. 학생들은 돈으로 책과 공책을 산다. 아이들은 보통 부모에게서 돈을 얻는다. 그래서 아이들은 어떻게 돈을 써야 하는지를 배워야 한다.

## 중요 표현 익히기    p.50

| **A** 1. cold | 2. sleepy | 3. dark |
|---|---|---|
| **B** 1. may | 2. may | 3. may not |

**A**

1. In winter, the weather gets <u>cold</u>.
   겨울에는 날씨가 추워진다.

2. I will go to bed. I am getting <u>sleepy</u>.
   나는 자러 갈 것이다. 졸린다.

3. Let's go back home. It is getting <u>dark</u>.
   집에 돌아가자. 날이 어두워지고 있어.

**B**

1. 그는 아플지도 모른다.
   He <u>may</u> be sick.

2. 나는 학교에 지각할지도 모른다.
   I <u>may</u> be late for school.

3. 그녀는 안 돌아올지도 모른다.
   She <u>may not</u> come back.

## 필수 어휘 복습하기    p.51

| **A** 1. ⓑ | 2. ⓓ | 3. ⓐ |
|---|---|---|
| **B** 1. hate | 2. learn | 3. spend |

**A**

1. I often <u>fight</u> with my younger brother.
   나는 종종 남동생과 싸운다.

2. Math is my favorite <u>subject</u>.
   수학은 내가 제일 좋아하는 과목이다.

3. My family sometimes eats <u>out</u> at a restaurant.
   우리 가족은 가끔 식당에서 외식을 한다.

**B**

1. I <u>hate</u> rude people.
   나는 예의가 없는 사람들을 싫어한다.

2. We <u>learn</u> many things from books.
   우리는 책에서 많은 것을 배운다.

3. Don't <u>spend</u> too much money on shopping!
   쇼핑에 너무 많은 돈을 쓰지 마세요.

## 단원 평가    pp.52-53

| **A** ① | **B** ③ |
|---|---|

**A**

아이들은 여러 가지 것들을 쉽게 배운다. 선생님들은 종종 수업 시간에 게임을 활용한다. 아이들은 게임에 주목한다. 게임을 하는 건 재미있다. 게임은 지루하지 않다. 낱말 게임은 많은 단어들을 배우는 데 좋은 방법이다. 선생님들은 수업 시간에 게임을 활용하는 게 좋다.

children 어린이들 / learn 배우다 / easily 쉽게 /
often 종종 / use 사용하다 /
pay attention to ~에 관심을 보이다 / fun 재미있는 /
boring 지루한 / word 단어 / way 방법 / should 해야 한다



선생님들이 수업 시간에 사용하는 게임의 장점들을 설명함으로써 게임이 수업 시간에 활용되는 것이 학생들에게 도움이 되어 바람직하다고 주장하고 있으므로 정답은 ①번입니다.

**B**

어떤 사람들은 돈을 많이 가지고 있지 않다. 그들은 아이들을 잘 돌볼 수가 없다. 이들 가난한 아이들은 행복하지 않다. 그들은 많은 것들을 살 수 없다. 그들은 많은 것들을 할 수 없다. 그러나 그들은 우리의 도움으로 행복해질 수 있다. 그러니까 이들 가난한 아이들을 돕자!



much 많은 / money 돈 / cannot 할 수 없다 /
take care of 돌보다 / children 아이들 / well 잘 /
poor 가난한 / buy 사다 / become ~이 되다 /
help 도움 / so 그래서 / Let's ~. ~하자.



가난한 아이들을 도와주자고 하는 주장과 이유를 설명하고 있으므로 글의 주장으로 가장 적절한 것은 ③번입니다.

# Part 2 세부 정보 찾기

### Unit 06 언급되지 않은 내용 찾기 (1)

## 리딩 해법 – 해법 전략 문제     pp.58-59

| A ③ | 1. ② | 2. ② |
|---|---|---|
| B ② | 1. ① | 2. ② |

**A**

안녕 친구들,

이번 주 토요일 내 생일 파티에 너희들을 초대하고 싶어. 파티는 오후 12시에 시작해서 3시에 끝나. 서울 식당으로 와. 우리 집 근처라서 식당을 찾기 쉬워. 너희들이 와줬으면 해.

진심을 담아,
민수가



1. 민수의 생일은 언제인가?
   ① 이번 주 금요일
   ② 이번 주 토요일

2. 민수는 어디에서 생일 파티를 열 것인가?
   ① 그의 집에서
   ② 식당에서

**B**

종민이와 나는 친한 친구이다. 우리는 같은 학교에서 공부한다. 가끔 나는 종민이네 집에 가서 컴퓨터 게임을 하기도 한다. 우리는 축구를 하거나 영화관에 가는 것을 좋아한다. 종민이는 종종 내 수학 숙제를 도와주기도 한다. 내게 종민이 같은 좋은 친구가 있어서 정말 좋다.



1. 종민이는 민수의 어떤 부분을 도와주는가?
   ① 수학 숙제
   ② 영어 숙제

2. 그들이 좋아하는 운동은 무엇인가?
   ① 야구
   ② 축구

## 실전 유형 대비하기     pp.60-61

| 1. ④ | 2. ④ | 3. ① | 4. ③ |
|---|---|---|---|

**1.**

닭고기 구이 간단 요리법

* 뜨겁게 달군 팬에 닭고기와 버터 한 스푼을 넣는다.

* 팬에 버섯, 양파, 마늘을 넣고 잘 섞는다.

* 이렇게 섞인 것을 오븐에 넣고 25분간 굽는다.

**2.**

일상 생활을 하는 데 있어 사람들은 많은 것을 필요로 한다. 그래서 사람들은 물건을 산다. 사람들은 옷을 사고, 과일을 사고, 음식을 산다. 어떤 사람들은 물건을 팔기도 한다. 시장은 물건을 사고 파는 장소이다. 시장에는 날마다 많은 사람들이 있다.

**3.**

가족 할인점(Family Discount Store)에 오신 것을 환영합니다.

* 모든 물건을 최저 가격에

* 최고의 제품

* 옷과 가구에서부터 야채, 고기, 해산물까지

* 할인 쿠폰 가능

**4.**

미래의 나의 직업

나는 새를 좋아한다. 새는 하늘을 날 수 있다. 새들은 어느 곳이든 날 수 있다. 새들은 하늘에서 모든 것을 본다. 나는 새처럼 날고 싶다. 나는 비행기 조종사가 되고 싶다. 비행기 조종사는 비행기를 조종하고 여러 나라를 여행할 수 있다. 나는 새처럼 어느 곳이든 여행하고 싶다.

## 중요 표현 익히기
p.62

**A 1.** 나는 딸기를 좋아한다.

**2.** 그녀는 나의 엄마처럼 생겼다.

**3.** 나는 바람처럼 달리고 싶다.

**B 1.** I would like to　　**2.** I would like to

**3.** I would like to

**A**

1. I like strawberries.

   나는 딸기를 좋아한다.

2. She looks like my mom.

   그녀는 나의 엄마처럼 생겼다.

3. I want to run like the wind.

   나는 바람처럼 달리고 싶다.

**B**

1. 나는 당신을 나의 생일 파티에 초대하고 싶어요.

   I would like to invite you to my birthday party.

2. 나는 당신들과 함께 저녁 식사를 하고 싶어요.

   I would like to have dinner with you.

3. 나는 수미와 함께 쇼핑하고 싶어요.

   I would like to go shopping with Sumi.

## 필수 어휘 복습하기
p.63

**A 1.** ⓓ　　　　**2.** ⓒ　　　　**3.** ⓐ

**B 1.** sells　　　**2.** end　　　**3.** buy

**A**

1. Mr. Smith invites my family to dinner.

   스미스(Smith) 씨가 우리 가족을 저녁 식사에 초대한다.

2. The pilot flies the plane.

   비행기 조종사는 비행기를 조종한다.

3. Bake the bread in a heated oven for one hour.

   달구어진 오븐에 한 시간 동안 빵을 구우세요.

**B**

1. The store sells many different kinds of vegetables.

   그 가게는 여러 다양한 야채를 판매한다.

2. How will the movie end?

   영화는 어떻게 끝나나요?

3. People buy clothes, fruit, and seafood in the market.

   사람들은 시장에서 옷, 과일, 그리고 해산물을 산다.

## 단원 평가
pp.64-65

**A** ①　　　　　　　　**B** ④

**A**

공원에는 사람들이 많이 있다. 어떤 사람들은 잔디밭에서 책을 읽는다. 어떤 사람들은 가족과 음식을 먹는다. 어떤 사람들은 자전거를 탄다. 어떤 사람들은 개를 산책시킨다. 사람들은 공원에서 즐거운 시간을 보낸다.



There are ~. ~들이 있다. / people 사람들 / park 공원 /
families 가족들 / grass 잔디 / ride bikes 자전거들을 타다 /
walk ~를 산책시키다 / have a great time 좋은 시간을 보내다



공원에서 할 수 있는 활동으로 독서, 음식 먹기, 자전거 타기,
개 산책시키기가 언급되어 있으나 ①번 달리기는 언급되어 있지 않습니다.

**B**

피자 하우스
* 수요일에는 스몰 사이즈(*작은 크기) 피자가 공짜
* 햄버거와 샌드위치는 반값
* 테이크아웃 시 30% 할인



free 무료의 / small size 작은 크기 / Wednesday 수요일 /
half price 반 값 / 30% off 30% 할인된 /
take-out 포장해서 가져가는 음식



피자 하우스의 광고에 피자, 햄버거, 샌드위치는 언급되어 있으나, ④번 콜라는 언급되어 있지 않습니다.

## Unit 07 언급되지 않은 내용 찾기 (2)

### 리딩 해법 - 해법 전략 문제
pp.66-67

| A ④ | 1. ② | 2. ② |
| --- | --- | --- |
| B ② | 1. ① | 2. ② |

**A**

내 방에는 2층 침대가 있다. 이 침대는 나무로 만들어졌다. 흰색 매트리스(*침대요)가 둘 있다. 또 아래층 밑에는 옷을 넣을 수 있는 서랍이 있다. 나는 위층 침대로 연결된 계단을 오르는 걸 좋아한다.



1. 2층 침대는 무엇으로 만들어졌는가?
    ① 금속
    ② 나무

2. 2층 침대에는 무엇이 있는가?
    ① 사다리
    ② 서랍

**B**

내게는 노트북 컴퓨터가 있다. USB 포트(*컴퓨터와 주변 기기를 연결시키는 부분을 일컬음)가 있어서 파일을 저장할 수 있다. 마우스가 있어서 커서를 움직일 수 있다. 또 모니터 윗부분에는 소형 카메라가 있다. 나는 이 노트북 컴퓨터를 어디든 가지고 다닐 수 있기 때문에 언제라도 정보를 찾을 수 있다.



1. 마우스는 어디에 쓰이는가?
    ① 커서를 움직이는 데
    ② 타이핑하는 데

2. 모니터 윗부분에는 무엇이 있는가?
    ① USB 포트
    ② 소형 카메라

### 실전 유형 대비하기
pp.68-69

| 1. ③ | 2. ④ | 3. ③ | 4. ① |
| --- | --- | --- | --- |

**1.**

내 남동생은 장난감 기차를 가지고 노는 것을 좋아한다. 남동생은 바닥에 기찻길을 둥글게 만든다. 장난감 기차에 스위치를 켜면 기차가 레일 위를 달린다. 심지어는 산을 통과하기도 한다. 장난감 기차는 정말 멋지다.

**2.**

그림을 그리려면 여러 가지가 필요하다. 종이, 수채화 물감, 그리고 붓이 필요하다. 또 이젤이 필요한데, 그러면 도화지를 그 위에 놓을 수가 있다. 종이에 색을 칠하기 전에 먼저 연필로 밑그림을 그려야 한다. 이제 당신 가족이나 예쁜 꽃들을 그릴 수 있다.

**3.**

우리 엄마는 최신 프라이 팬을 샀다. 이 프라이 팬은 둥글고 옆면 높이가 낮다. 프라이 팬 중앙에는 빨간색 동그라미가 있어서 팬이 달구어지면 알 수가 있다. 손잡이가 플라스틱으로 만들어졌기 때문에 뜨거운 팬을 들어도 뜨겁지가 않다.

**4.**

스마트폰은 무척 쓸모가 있다. 내 스마트폰은 화면이 커서 영화를 볼 수가 있다. 문자판 대신 화면에 메뉴 아이콘이 있다. 그 아이콘을 터치하면 스마트폰은 전화기가 되거나, 카메라가 되거나, 또는 MP3 플레이어가 된다. 심지어 스마트폰으로 인터넷 검색도 가능하고 이메일도 보낼 수 있다.

---

### 중요 표현 익히기      p.70

**A** 1. anytime      2. anywhere
   3. anytime

**B** 1. is made of      2. is made of
   3. are made of

**A**

1. 당신은 언제든지 나의 데스크톱 컴퓨터를 사용해도 되요.
   You can use my desktop computer <u>anytime</u>.

2. 우리는 이 교실 어디든지 앉아도 돼요.
   We can sit <u>anywhere</u> in this classroom.

3. 그는 서울을 언제든지 여행할 수 있어요.
   He can travel to Seoul <u>anytime</u>.

**B**

1. This bottle <u>is made of</u> glass.
   이 병은 유리로 만들어졌다.

2. Cheese <u>is made of</u> milk.
   치즈는 우유로 만들어진다.

3. Tires <u>are made of</u> rubber.
   타이어는 고무로 만들어진다.

---

### 필수 어휘 복습하기      p.71

**A** 1. ⓐ      2. ⓓ      3. ⓑ

**B** 1. set up      2. pass through      3. climb up

**A**

1. I put my ring in the <u>drawer</u>.
   나는 반지를 서랍에 넣어 놓는다.

2. The table is made <u>of</u> marble.
   그 탁자는 대리석으로 만들어졌다.

3. I often <u>send</u> my pictures to my grandparents.
   나는 종종 내 사진을 할아버지 할머니께 보내 드린다.

**B**

1. The boys <u>set up</u> the tent.
   소년들은 텐트를 세운다.

2. A lot of cars <u>pass through</u> the tunnel.
   많은 차들이 터널을 통과한다.

3. The cats <u>climb up</u> a tree.
   고양이들이 나무를 오른다.

---

### 단원 평가      pp.72-73

**A** ③          **B** ①

**A**

내 남동생은 세발자전거를 탄다. 이 자전거는 바퀴가 2개가 아니라 3개이다. 플라스틱으로 만들어져서 가볍다. 바퀴조차 플라스틱으로 만들어졌다. 안장은 낮다. 손잡이는 알파벳 글자 ㄴ모양으로 생겼다. 페달이 없어서 내 남동생은 발로 땅을 밀면서 나간다.

**필수 어휘**

tricycle 세발자전거 / wheels 바퀴들 /
instead of ~ 대신에 / be made of ~로 만들어진 /
plastic 플라스틱 / light 가벼운 / even 심지어 / seat 좌석 /
low 낮은 / handle 손잡이 /
be shaped like ~와 같은 모양이다 /
the letter L 글자 ㄴ자 / pedal 페달 / push 밀고 나가다 /
along the ground 땅을 따라

---

동생이 타는 세발자전거의 세 개의 바퀴, 낮은 좌석, ㄴ자 모양 손잡이, 페달 없이 가는 것에 대한 내용이므로, 언급되지 않은 것은 페달이 있는 ③번 그림입니다.

**B**

나는 내 책상이 마음에 든다. 커다란 책상이다. 나무로 만들어졌다. 그리고 책꽂이가 있어서 책을 쉽게 꺼낼 수 있다. 또 서랍이 3개 있다. 그 안에 학용품들을 넣어 놓는다. 내 책상에서 제일 좋은 점은 책상에 램프가 달려 있다는 것이다. 정말 쓸모가 있다.



desk 책상 / be made of ~로 만들어지다 / wood 나무 /
bookshelves 책꽂이들 / take out 꺼내다 / easily 쉽게 /
also 또한 / drawers 서랍들 / put 넣다 /
school supplies 학용품들 / the best thing 가장 좋은 것 /
its own lamp 그 자체에 달린 램프



책꽂이가 붙어 있고 3단 서랍장이 있으며 책상에 램프도 붙어 있는 큰 책상을 설명하고 있으므로 책상의 특징으로 언급되지 않은 것은 ①번 램프가 붙어 있지 않은 책상 그림입니다.

## Unit 08 내용 일치 찾기

### 리딩 해법 – 해법 전략 문제
pp.74-75

| A ④ | 1. ② | 2. ① |
|---|---|---|
| B ③ | 1. ① | 2. ② |

**A**

여름 캠핑 안전 수칙
* 언제나 누군가에게 당신의 캠핑 계획을 알리세요.
* 절대 혼자서는 캠핑을 가지 마세요.
* 필요한 음식을 모두 싸가세요.
* 어둡기 전에 야영지로 돌아오세요.



1. 계절이 언제인가?
   ① 봄
   ② 여름

2. 안전한 캠핑을 위해서는 무엇을 해야 하는가?
   ① 누군가에게 당신의 캠핑 계획을 말해야 한다.
   ② 하루 종일 야영지에 있어야 한다.

**B**

온라인 단어 게임은 재미있다. 어떤 게임에서는 여러분의 자녀가 벽돌을 클릭하면 글자를 볼 수 있다. 몇 개의 벽돌을 클릭한 후에는 그 벽돌들을 섞어서 단어를 만들 수 있다. 여러분의 자녀는 이 온라인 게임을 통해 여러 단어도 배우면서 재미를 느낄 수 있다.



1. 아이가 벽돌 하나를 클릭하면 어떻게 되는가?
   ① 아이는 알파벳 글자를 보게 된다.
   ② 아이는 단어를 보게 된다.

2. 온라인 단어 게임은 어떤 면에서 유용한가?
   ① 당신의 아이가 영어를 잘 말하게 된다.
   ② 당신의 아이는 여러 단어를 배우게 된다.

### 실전 유형 대비하기
pp.76-77

| 1. ② | 2. ④ | 3. ② | 4. ① |
|---|---|---|---|

1.
어린이 주간 활동
* 부모님과 함께 하는 활동
* 월요일에는 점토 미술
* 수요일에는 체육
* 금요일에는 태권도

2.
맥스(Max) 스포츠 클럽
스포츠는 신체 운동에 좋은 방식입니다. 우리 클럽엔 농구, 야구, 축구, 스키, 그리고 심지어는 암벽 등반 같은 프로그램이 있습니다. 여러분들은 저희 프로그램 중 한 가지, 또는 전부를 즐

길 수 있습니다. 보다 튼튼해지고 또한 팀워크도 배우게 될 것
입니다.

3.
ABC 연기 수업
* 아이들을 위한 연기
* 무대 공포증 없애기
* 매주 월요일과 금요일
* 재미있는 게임과 운동

4.
킹(King) 동물원
* 시간: 일주일에 7일 / 오전 10시~오후 8시
* 성인: 10,000원
* 어린이 (6세에서 13세 사이): 5,000원
* 5세 이하 어린이: 무료
* 단체 (15명 이상): 7,000원

## 중요 표현 익히기     p.78

**A** 1. on Tuesday    2. on Thursday
    3. on Wednesday    4. on Sunday
    5. on Saturday    6. on Friday

**B** 1. After I put on my coat
    2. Before I go to a movie
    3. after they get home

**A**

1. 화요일에 on Tuesday
2. 목요일에 on Thursday
3. 수요일에 on Wednesday
4. 일요일에 on Sunday
5. 토요일에 on Saturday
6. 금요일에 on Friday

**B**

1. I go outside after I put on my coat.
   = After I put on my coat, I go outside.
   나는 코트를 입은 후에 외출한다.

2. I finish my homework before I go to a movie.
   = Before I go to a movie, I finish my homework.
   나는 영화를 보러 가기 전에 숙제를 마친다.

3. After they get home, they watch TV.
   = They watch TV after they get home.
   그들은 집에 온 후에 TV를 본다.

## 필수 어휘 복습하기     p.79

**A** 1. ⓒ    2. ⓐ    3. ⓑ
**B** 1. brick    2. plan    3. teamwork

**A**

1. The school provides many activities.
   그 학교에서는 여러 가지 활동을 제공한다.

2. The church is between the bookstore and the post office.
   그 교회는 서점과 우체국 사이에 있다.

3. Mix the eggs with flour in the bowl.
   달걀과 밀가루를 그릇에 넣고 섞으세요.

**B**

1. The red brick house is very old.
   그 빨간 벽돌집은 무척 오래 되었다.

2. I have a plan for this weekend.
   내게는 이번 주말 계획이 있다.

3. You can learn teamwork through sports.
   당신은 스포츠를 통해 협동심을 배울 수 있다.

## 단원 평가     pp.80-81

**A** ②      **B** ②

**A**

아이들을 위한 컴퓨터 안전 수칙
다음 사항을 추천합니다:
* 자녀의 컴퓨터 사용 시간을 제한하세요.
* 컴퓨터를 거실에 놓으세요.
* 자녀가 너무 많은 컴퓨터 게임을 하지 않도록 하세요.

safety 안전 / children 어린이들 / recommend 추천하다 /
limit 제한하다 / time on ~에 보내는 시간 /
make sure that ~인지 확인하다 / too many 너무 많은 /
play computer games 컴퓨터 게임을 하다

해설

아이들의 컴퓨터 사용 시간을 제한하는 내용은 일치하나 구체
적인 제한 시간이 언급되어 있지 않으므로 ①번은 정답이 아니
며, ③번과 ④번은 글에 언급되어 있지 않으므로 컴퓨터를 거실
에 둘 것을 권하고 있는 ②번이 정답입니다.


**B**

대개 여러분의 어머니가 가족을 위해 요리를 합니다. 하지만 여
름에 캠핑을 가면 모두가 함께 요리를 할 수 있습니다. 여러분
가족은 여러분들이 필요로 하는 것들을 모두 가져가서 어떤 요
리든 다 할 수 있습니다. 이렇게 하면 가족끼리 가까워지고 맛
있는 식사를 할 수 있습니다.

필수 어휘

usually 보통 / cook 요리하다 / family 가족 /
when ~할 때 / go camping 캠핑 가다 /
everyone 모든 사람 / together 함께 / bring 가져오다 /
all the things 모든 것들 / need 필요하다 / so 그래서 /
meal 식사 / become closer 더 가까워지다

해설

①번, ③번, ④번은 글에 나와 있지 않은 내용이며, 가족들이 여
름에 캠핑장에서 요리를 같이 하며 더 가까워진다는 내용이 있
으므로 ②번이 내용과 일치하는 정답입니다.


## Unit 09 내용 불일치 찾기


### 리딩 해법 – 해법 전략 문제
pp.82-83

| A ③ | 1. ② | 2. ② |
| --- | --- | --- |
| B ③ | 1. ② | 2. ② |


**A**

소풍 시간입니다!
여러분들에게 필요한 것은:
* 돗자리
* 소풍 바구니
* 플라스틱 접시와 컵
* 음식과 음료수

해법 전략 문제

1. 무엇에 관한 내용인가?
　① 캠핑 가기
　② 소풍 가기

2. 소풍에 필요하지 <u>않은</u> 것은?
　① 음료수
　② 애완견


**B**

핫서머(Hot Summer) 수영장
* 매일 오전 9시에서 오후 9시까지
* 수영장 게임과 상품
* 연회원은 30% 할인
* 예약: 전화 (02) 467-1487 또는 홈페이지
　www.hotsummerpool.com 방문

해법 전략 문제

1. 핫서머 수영장은 몇 시에 문을 여는가?
　① 오전 7시에
　② 오전 9시에

2. 예약은 어떻게 하는가?
　① 핫서머 수영장을 방문한다.
　② 웹 사이트를 방문한다.


### 실전 유형 대비하기
pp.84-85

| 1. ③ | 2. ④ | 3. ② | 4. ④ |
| --- | --- | --- | --- |

**1.**

아이들은 겨울에 야외 활동하는 걸 좋아합니다. 스케이트,
스키, 썰매 타기 같은 아이들을 위한 재미있는 겨울 활동들을

찾아보세요. 특히 아이들은 썰매 타기를 가장 좋아합니다. 그러나 안전을 위해 부모님께서 아이들과 함께 가셔야 합니다.

2.
아이들은 여러 가지 다른 취미를 갖고 있는데, 예를 들면, 스포츠, 음악, 독서, 영화 보기 같은 것들입니다. 어떤 아이들은 축구나 야구, 자전거 타기를 좋아합니다. 또 어떤 아이들은 과학이나 사회와 관련된 책 읽기를 좋아하고, 이야기 책 읽는 것도 좋아합니다. 부모님들은 자녀들이 자신의 취미를 찾을 수 있도록 도와야 합니다.

3.
아이들은 인터넷 게임을 좋아한다. 아이들은 인기 있는 "타이쿤(Tycoon)" 시리즈 같은 게임을 한다. "레고 스타워즈(Lego Star Wars)" 또한 모든 연령대의 아이들에게 인기가 있다. 아이들은 왜 이런 게임들을 좋아할까? 왜냐하면 아이들은 언제 어디서건 인터넷 상에서 친구들을 만날 수 있기 때문이다. 또한 아이들은 인터넷 게임을 통해 새로운 친구들을 사귈 수 있다.

4.
어린이 헬스 클럽
자라나는 아이들에게는 음식이 중요합니다. 또한 운동 역시 중요합니다. 아이들은 기운이 넘칩니다. 그래서 아이들이 그냥 집에서 TV를 보는 건 좋은 생각이 아닙니다. 아이들은 적어도 하루 2시간 정도 운동을 해야 합니다. 저희 클럽을 방문하셔서 (저희가 운용하는) 프로그램을 한번 살펴보세요. 전화 02-236-1932로 연락하시면 됩니다.

## 중요 표현 익히기     p.86

**A** 1. Some, others    2. Some, others
    3. Some, others

**B** 1. However    2. However
    3. However

### A

1. <u>Some</u> students like math, <u>others</u> don't like math.
어떤 학생들은 수학을 좋아하고, 다른 학생들은 수학을 좋아하지 않는다.

2. <u>Some</u> people play baseball, <u>others</u> play basketball.
어떤 사람들은 야구를 하고, 다른 사람들은 농구를 한다.

3. <u>Some</u> people drive cars, <u>others</u> take the subway.
어떤 사람들은 차를 운전하고, 다른 사람들은 지하철을 탄다.

### B

1. 그러나 우리는 집에 머무른다.
<u>However</u>, we stay at home.

2. 그러나 우리는 회의에 참석할 것이다.
<u>However</u>, we will attend the meeting.

3. 그러나 나는 그 열쇠를 찾을 수가 없다.
<u>However</u>, I can't find the key.

## 필수 어휘 복습하기     p.87

**A** 1. ⓒ    2. ⓑ    3. ⓓ

**B** 1. full    2. popular    3. important

### A

1. We have a <u>pool</u> in the backyard.
우리 뒷마당에는 수영장이 있다.

2. I like to play Internet <u>games</u>.
나는 인터넷 게임 하는 걸 좋아한다.

3. The Sun has a lot of light <u>energy</u>.
태양은 많은 빛 에너지를 갖고 있다.

### B

1. The bathtub is <u>full</u> of hot water.
욕조에 뜨거운 물이 가득하다.

2. Smart phones are very <u>popular</u> now.
요즘 스마트폰이 무척 인기가 있다.

3. Vitamin C is very <u>important</u> for your health.
비타민 C는 당신 건강에 아주 중요하다.

pp.88-89

**A** ④　　　　　　　**B** ③

## A

서울 신문 구독

매일 아침마다 원치 않는 신문을 받으시나요? 서울 신문은 여러분께 빠르고 정확한 정보를 드립니다. 지금 서울 신문을 구독하세요. 그러면 돈을 절약할 수 있습니다.

매달 15,000원

더 많은 정보를 원하시면 02-236-2953으로 전화하세요.

**필수 어휘**

subscribe to ~를 구독하다 / unwanted 원하지 않는 /
newspaper 신문 / every morning 매일 아침 / fast 빠른 /
accurate 정확한 / news 뉴스 / save 절약하다 /
more information 더 많은 정보

**해설**

자세한 문의를 위해 웹 사이트를 방문할 것을 권하는 것이 아니고 전화번호를 알려 주고 있으므로 내용과 일치하지 않는 것은 ④번입니다.

## B

아이들은 인터넷에서 숙제와 관련된 정보를 찾을 수 있습니다. 하지만 인터넷에는 몇 가지 좋지 않은 점이 있습니다. 어떤 아이들은 인터넷 게임을 하느라 너무 많은 시간을 씁니다. 그러니 부모들은 자녀가 인터넷을 사용할 때는 아이들에게 주의를 기울여야 합니다.

**필수 어휘**

kids 아이들 / find 찾다 / information 정보 /
on the Internet 인터넷에서 / homework 숙제 /
spend 보내다 / too much time 너무 많은 시간 /
parents 부모 / keep an eye on ~를 지켜보다 /
when ~를 할 때

**해설**

아이들이 컴퓨터를 사용하지 못하게 하는 것이 아니고 사용할 때 부모들이 지켜보는 것을 권하고 있으므로 정답은 ③번입니다.

# Part 3 그림 순서 파악하기

## Unit 10 그림 순서 파악하기

**리딩 해법 – 해법 전략 문제**

pp.94-95

| **A** ④ | 1. ① <u>2</u> | ② <u>4</u> | ③ <u>3</u> | ④ <u>1</u> |
|---|---|---|---|---|
| **B** ② | 1. ① <u>3</u> | ② <u>1</u> | ③ <u>4</u> | ④ <u>2</u> |

## A

여러분은 혼자서도 볶음밥을 만들 수 있습니다. 가스레인지 위에 프라이팬을 올리세요. 그리고는 당근과 햄을 작게 씁니다. 다음엔 그 당근과 햄을 올리브 기름과 약간의 소금과 함께 프라이팬에 넣으세요. 마지막으로 그것들을 잘 섞으며 볶습니다. 이제 볶음밥을 맛있게 드세요.

**해법 전략 문제**

1. ① 당근과 햄을 작게 씁니다.  <u>2</u>
   ② 그것들을 잘 섞으며 볶습니다.  <u>4</u>
   ③ 당근과 햄을 올리브 기름과 약간의 소금과 함께 프라이팬에 넣습니다.  <u>3</u>
   ④ 프라이팬을 가스레인지 위에 올립니다.  <u>1</u>

## B

여러분은 녹차를 만들 수 있나요? 먼저, 전기 주전자에 물을 좀 넣고 플러그를 꽂습니다. 두 번째, 빈 컵을 꺼냅니다. 세 번째, 뜨거운 물을 컵에 붓습니다. 마지막으로, 녹차 티백(*차를 넣은 종이나 천 주머니)을 컵에 넣고, 3~5분간 기다립니다. 그런 다음 녹차를 마십니다.

**해법 전략 문제**

1. ① 뜨거운 물을 컵에 붓습니다.  <u>3</u>
   ② 전기 주전자에 물을 좀 넣고 플러그를 꽂습니다.  <u>1</u>
   ③ 컵에 녹차 티백을 넣고, 3~5분간 기다립니다.  <u>4</u>
   ④ 빈 컵을 꺼냅니다.  <u>2</u>

| 1. ④ | 2. ④ | 3. ② | 4. ② |
|---|---|---|---|

**1.**

한 소녀가 공원 벤치에 앉아 있다. 그녀는 꽃에 앉은 나비를 본다. 그녀는 가방에서 스마트폰을 꺼낸다. 그런 다음 자신의 스마트폰으로 나비의 사진을 찍는다. 마지막으로 그녀는 벤치에서 물을 마신다.

**2.**

한 소년이 컴퓨터를 켠다. 그는 키보드에서 타이핑을 한다. 그는 모니터를 쳐다본다. 오른손으로 마우스를 잡는다. 그는 영어 게임을 한다. 그는 컴퓨터를 끈다. 그런 다음 잠을 자러 간다.

**3.**

한 소년이 체육관에 들어간다. 그는 유니폼을 입는다. 그런 다음 그는 코트에서 공을 든 채 있다. 그는 그 공을 튕긴다. 공을 들고 점프한다. 그 공을 던진다. 공이 네트 안으로 들어간다. 그는 얼굴의 땀을 닦는다.

**4.**

한 소년이 스케이트장으로 간다. 그는 스케이트를 신는다. 그는 빙판 위에서 스케이트를 탄다. 넘어졌다가 다시 일어난다. 그는 즐겁게 스케이트를 탄다. 그리고 나서 그는 스케이트를 벗는다. 그는 스케이트장을 떠난다.

## 중요 표현 익히기　　　　　　　　p.98

| A | 1. himself | 2. myself | 3. themselves |
|---|---|---|---|
| B | 1. Finally | 2. Then | 3. Second |

**A**

1. Sometimes he talked to <u>himself</u>.
   가끔 그는 혼잣말을 한다.

2. I have to know <u>myself</u>.
   나는 나 스스로를 알아야 한다.

3. Kevin and Julia looked at <u>themselves</u> in the mirror and smiled.
   케빈(Kevin)과 줄리아(Julia)는 거울 속에 비친 자신들 얼굴을 보고 미소 지었다.

**B**

1. 마침내 나는 집에 돌아간다.
   <u>Finally</u>, I am coming back home.

2. 그리고 나서 우리는 달리기 시작했다.
   <u>Then</u>, we started running.

3. 두 번째로 그녀는 설거지를 한다.
   <u>Second</u>, she washes the dishes.

## 필수 어휘 복습하기　　　　　　　　p.99

| A | 1. ⓒ | 2. ⓒ | 3. ⓑ |
|---|---|---|---|
| B | 1. falls down | 2. turn on | 3. take off |

**A**

1. I <u>mix</u> an egg and water.
   나는 계란과 물을 섞는다.

2. Jason puts <u>on</u> his rain boots.
   제이슨(Jason)은 장화를 신는다.

3. Don't <u>bounce</u> the ball in the classroom.
   교실에서는 공을 튕기지 마시오.

**B**

1. Kate <u>falls down</u> the stairs.
   케이트(Kate)가 계단에서 넘어진다.

2. I <u>turn on</u> the light in the afternoon.
   나는 오후에 불을 켠다.

3. We usually <u>take off</u> our shoes inside the house.
   우리는 보통 집 안에서는 신발을 벗는다.

## 단원 평가　　　　　　　　pp.100-101

| A ④ | B ③ |
|---|---|

**A**

한 소녀가 세수를 한 다음 머리를 감는다. 수건으로 물기를 닦아낸다. 그런 다음 머리를 말린다. 소녀는 거울을 들여다본다. 머리를 빗고 옷을 입는다.

wash 씻다 / shampoo 샴푸를 하다 / wipe off 닦아내다 /
towel 수건 / dry 말리다 / look in the mirror 거울을 보다 /
comb 빗질을 하다 / put on 입다 / clothes 옷

해설

얼굴을 씻은 후 (B), 수건으로 물기를 닦아내고 (D), 그런 다음
머리를 말리고 (A), 머리를 빗는 (C) 순서의 ④번이 정답입니다.

## B

한 소년이 TV를 켠다. 그는 소파에 앉아서 TV를 본다. 오른손
에 리모컨을 들고 있다. 리모컨을 사용해서 자신이 좋아하는 프
로그램을 찾는다. 그런 다음 소파에 앉아 주스를 마신다.

필수 어휘

turn on 켜다 / sit on ~위에 앉다 / hold 잡다 /
remote control 리모컨 / right 오른쪽의 / search for 찾다 /
favorite 가장 좋아하는 / drink 마시다 / juice 주스

해설

TV를 켠 후에 (C), 소파에 앉아서 (B), 리모콘으로 좋아하는
프로그램을 찾아 (D), 주스를 마시면서 TV를 보는 (A) 순서로
되어 있는 ③번이 정답입니다.

# Part 4 빈칸 채우기

## Unit 11 빈칸 채우기

## 리딩 해법 – 해법 전략 문제    pp.106-107

| A ① | 1. ① | 2. ② |
|---|---|---|
| B ③ | 1. ① | 2. ② |

## A

한국에는 사계절이 있다. 봄은 따뜻하다. 사람들은 봄에 소풍을
간다. 여름은 덥다. 사람들은 여름에 수영하러 간다. 그러고 나
서 가을은 시원하다. 가을에는 나뭇잎이 빨갛고 노랗게 변한다.

겨울은 춥다. 겨울에는 눈을 본다. 우리는 여러 가지 다른 계절
을 즐긴다.

① 겨울
② 봄
③ 가을
④ 여름

## 해법 전략 문제

1. ① 우리는 여러 가지 다른 계절을 즐긴다.
   ② 사람들은 여름에 수영하러 간다.

2. ① 여름은 덥다.
   ② 겨울은 춥다.

## B

나는 종종 친구들과 놀이터에 간다. 놀이터는 친구들과 놀기에
좋은 장소이다. 놀이터에는 미끄럼틀이 있다. 또한 놀이터에는
시소도 있다. 우리는 놀이터에서 많은 것들을 즐길 수 있다.

① 위험한
② 추운
③ 좋은
④ 건조한

## 해법 전략 문제

1. ① 놀이터
   ② 내 친구들

2. ① 놀이터에는 미끄럼틀이 있다.
   ② 우리는 놀이터에서 많은 것들을 즐길 수 있다.

## 실전 유형 대비하기    pp.108-109

| 1. ② | 2. ③ | 3. ④ | 4. ③ |
|---|---|---|---|

1.

이것은 민수의 아침 일과에 관한 것이다. 민수는 언제나 일찍,
아침 6시경에 일어난다. 그는 하품을 하고 기지개를 켠다. 그는
침대에서 일어난다. 그리고 나서 욕실로 가서 세수를 한다. 다
음으로 그는 가족과 함께 아침 식사를 한다. 마지막으로 그는
학교에 간다.

① 매일의
② 아침의
③ 오후의
④ 밤의

**2.**

엄마가 <u>아프다</u>. 엄마는 감기에 걸렸다. 엄마는 열이 난다. 의사 선생님 진찰을 받아야 한다. 엄마는 괜찮다고 말한다. 하지만 나는 엄마가 스스로 몸을 돌봐야 한다고 생각한다. 나는 오늘 엄마를 병원에 데려가고 엄마를 돌봐드릴 것이다.

① 우스운
② 화난
③ 아픈
④ 튼튼한

**3.**

나는 여름방학 동안 가족들과 많은 일을 할 수 있다. 우리 가족은 바닷가에 가서 바닷물에서 <u>수영을 한다</u>. 아빠는 낚시를 한다. 엄마는 조개껍질을 줍는다. 여동생과 나는 모래성을 쌓는다. 우리는 바닷가에서 즐거운 시간을 보낸다.

① 달린다
② 걷는다
③ 등산한다
④ 수영한다

**4.**

여름에는 너무 더워서 민지는 수영장에 수영하러 가는 걸 좋아한다. 민지는 수영을 잘한다. 민지는 물속으로 점프한다. 다이빙대에서 다이빙을 한다. 민지는 50미터를 쉬지 않고 수영할 수 있다. 또한 그녀는 물 미끄럼틀도 타고 내려온다. 그녀는 정말로 수영을 즐겨한다.

① 바다
② 땅
③ 물
④ 호수

## 중요 표현 익히기     p.110

**A**   **1.** get up     **2.** get on the bus
    **3.** get off the bus

**B**   **1.** am good at   **2.** is good at   **3.** are good at

**A**

1. 7시야. 너는 지금 일어나야 해.
   It's 7 o'clock. You should <u>get up</u> now.

2. 학교 버스가 도착하면 학생들은 버스를 탄다.
   When the school bus arrives, the students <u>get on the bus</u>.

3. 버스에서 내릴 때 우산을 두고 내리지 마세요.
   Don't leave your umbrella behind when you <u>get off the bus</u>.

**B**

1. I <u>am good at</u> playing soccer. I want to be a soccer player.
   나는 축구를 잘한다. 나는 축구 선수가 되고 싶다.

2. Jina <u>is good at</u> playing the piano. She started playing the piano five years ago.
   진아는 피아노를 잘 친다. 그녀는 5년 전부터 피아노를 치기 시작했다.

3. We <u>are good at</u> drawing pictures. We are in the drawing club.
   우리는 그림을 잘 그린다. 우리는 그림 그리기 반이다.

## 필수 어휘 복습하기     p.111

**A**   **1.** ⓒ     **2.** ⓓ     **3.** ⓑ

**B**   **1.** collect   **2.** build   **3.** yawn

**A**

1. My favorite <u>season</u> is summer.
   내가 제일 좋아하는 계절은 여름이다.

2. Todd is good <u>at</u> cooking.
   토드(Todd)는 요리를 잘한다.

3. Clouds <u>turn</u> gray before it rains.
비가 오기 전에 구름은 회색으로 변한다.

**B**

1. I like to <u>collect</u> coins.
나는 동전 모으는 것을 좋아한다.

2. The children <u>build</u> sandcastles on the beach.
아이들이 바닷가에 모래성을 쌓는다.

3. Many students <u>yawn</u> in class.
수업 시간에 많은 학생들이 하품을 한다.

## 단원 평가

pp.112-113

| A ② | B ③ |
|---|---|

### A

새로운 친구들에게,

나는 런던에서 왔어. 나는 11살이야. 한국에서의 모든 건 내게 다 새로워. 우리 아빠는 영어 선생님이야. 아빠는 한국어를 잘 하지만 나는 한국어를 조금밖에 못해. 나는 한국어를 배우고 싶어. 그리고 너희들 친구가 되고 싶어. 또 보자!

진심을 담아,
제시카(Jessica)

① 가족
② 친구
③ 선생님
④ 학생

#### 필수 어휘

Dear 친애하는 / be from ~에서 오다 / old 나이가 ~인 /
everything 모든 것 / speak 말하다 / Korean 한국말 /
well 잘 / just a little 그냥 조금만 / learn 배우다 /
Best wishes 안부를 전하며 (편지의 끝 맺음말)

#### 해설

자신을 소개하고 한국어를 배우고 싶어하는 마음을 전하는 것은 너의 친구가 되고 싶은 이유이므로 내용상 빈 칸에 들어갈 가장 적절한 단어는 ②번 friend 입니다.

### B

애완견을 가진 사람들이 많이 있다. 애완견과 <u>개 주인들</u>은 최고의 친구가 될 수 있다. 개 주인은 강아지에게 집을 주고 먹이를 준다. 어떤 사람들은 자기 개에게 옷을 사주기도 한다. 어떤 개 주인들은 공원에서 자기 애완견들과 놀아주기도 한다.

① 엄마
② 강아지
③ 주인
④ 동물원 사육사

#### 필수 어휘

pet dog 애완견 / owners 주인들 /
best friend 가장 친한 친구 / homes 살 곳들 /
feed 먹여주다 / even 심지어 / clothes 옷 /
play with ~와 같이 놀다

#### 해설

첫 번째 문장에서 많은 사람들이 애완견을 키운다고 했는데 애완견과 빈칸은 가장 친한 친구가 될 수 있다고 하였으므로 빈칸에 들어갈 가장 적절한 단어는 주인 즉, ③번 owner 입니다.

# Part 5 지칭 / 지시 대상 찾기

## Unit 12 · 지칭 / 지시 대상 찾기

### 리딩 해법 - 해법 전략 문제

pp.118-119

| A ① | 1. ① | 2. ① |
|---|---|---|
| B ② | 1. ② | 2. ② |

### A

당신은 매일 많이 걷나요? <u>걷기</u>는 좋은 운동입니다. 집 근처나 공원에서 걸을 수 있습니다. 또한 몸무게를 줄이고 싶다면 걷기는 좋은 운동입니다. 식사 후에 30분 동안 걸으면 몸무게를 줄이는 데 도움이 됩니다.

① 걷기
② 달리기
③ 수영
④ 자전거 타기



1. ① 걷기
   ② 운동

2. ① 당신은 매일 많이 걷나요?
   ② 그것은 몸무게를 줄이는 데 도움이 된다.

## B

내일은 우리 엄마 생일이다. 매년 엄마 생일이면 나는 엄마에게 꽃을 드린다. 나는 꽃 가게에 가서 빨간 장미를 산다. 엄마는 꽃병에 꽃을 꽂는다. 나는 엄마가 <u>그 꽃을</u> 마음에 들어 한다고 생각한다.

① 꽃병
② 꽃
③ 파티
④ 생일



1. ① 꽃 가게
   ② 꽃

2. ① 내일은 우리 엄마 생일이다.
   ② 엄마는 꽃을 꽃병에 꽂는다.

## 실전 유형 대비하기     pp.120-121

| 1. ④ | 2. ① | 3. ③ | 4. ② |
| --- | --- | --- | --- |

### 1.

나는 야구 경기를 보는 것을 좋아한다. <u>야구 경기</u>는 무척 신난다. 나는 종종 아빠와 야구장에 간다. 내가 좋아하는 팀이 이기면 나는 환호한다. 그렇지만 경기에 지면 나는 낙담한다. 내가 좋아하는 팀이 항상 이겼으면 좋겠다.

① 농구 경기
② 테니스 경기
③ 축구 경기
④ 야구 경기

### 2.

나에게는 좋은 이웃들이 있다. 그들은 우리 옆집에 산다. 그들은 친절하다. 그들은 종종 우리 가족을 저녁 식사에 초대한다. 우리 부모님도 종종 <u>그들을</u> 점심 식사에 초대한다. 나는 이웃 사람들과 우리 집 근처에서 농구를 한다. 나는 우리 이웃이 좋다.

① 이웃 사람들
② 선수들
③ 친구들
④ 반 친구들

### 3.

내 친구 수진이가 어제 내게 이메일을 보냈다. 그녀와 나는 같은 학교에 다녔는데 그녀가 작년에 부산으로 이사를 갔다. 우리는 아주 친한 친구였다. 그녀는 이번 여름 방학에 할아버지 할머니를 뵈러 올 것이라고 말한다. <u>그 분들은</u> 우리 마을에 사신다. 우리가 서로 볼 수 있다니 기쁜 소식이다.

① 그녀의 친구들
② 그녀의 부모님
③ 그녀의 할아버지 할머니
④ 그녀의 사촌들

### 4.

우리 가족은 서로 다른 채소를 좋아한다. 그래서 냉장고에는 여러 종류의 <u>채소들이</u> 있다. 아빠는 당근을 좋아한다. 엄마는 시금치를 좋아한다. 여동생은 무를 좋아한다. 나는 고추를 좋아한다. 우리 집에는 항상 당근, 시금치, 무, 고추가 있다.

① 종류
② 채소
③ 고추
④ 시금치

## 중요 표현 익히기     p.122

**A** 1. gain weight      2. lose weight
     3. lose a game

**B** 1. around      2. between      3. over

## A

1. Don't eat too many hamburgers. You can <u>gain weight</u>.
   햄버거를 너무 많이 먹지 마세요. 살이 찔 수 있습니다.

2. I am too fat. I have to <u>lose weight</u>.
   나는 너무 뚱뚱해. 몸무게를 줄여야 해.

3. When the soccer players <u>lose a game</u>, they usually look sad.
   축구 선수들은 경기에서 지면 대개 슬퍼 보인다.

## B

1. 학생들이 캠프파이어 주위에 둘러 앉아있다.
   The students are sitting <u>around</u> the campfire.

2. 내 자동차가 트럭과 버스 사이에 있다.
   My car is <u>between</u> a truck and a bus.

3. 수미는 웅덩이를 뛰어 넘는다.
   Sumi jumps <u>over</u> a puddle.

## 필수 어휘 복습하기
p.123

| A | 1. ⓒ | 2. ⓐ | 3. ⓑ |
|---|---|---|---|
| B | 1. neighbor | 2. refrigerator | 3. neighborhood |

## A

1. Mom puts some roses in a <u>vase</u>.
   엄마가 장미 몇 송이를 꽃병에 꽂는다.

2. We like <u>different</u> food from each other.
   우리는 서로 다른 음식을 좋아한다.

3. I <u>invite</u> my friends to my birthday party.
   나는 내 생일에 친구들을 초대한다.

## B

1. Steven is my new <u>neighbor</u>.
   스티븐(Steven)은 나의 새로운 이웃이다.

2. There is a bottle of apple juice in the <u>refrigerator</u>.
   냉장고에 사과 주스 한 병이 있다.

3. My <u>neighborhood</u> has many parks and libraries.
   우리 동네에는 많은 공원과 도서관들이 있다.

## 단원 평가
pp.124-125

| A ③ | B ① |
|---|---|

### A

겨울은 매년 온다. 날씨가 춥기 때문에 나는 겨울에 밖에서 노는 걸 좋아하지 않는다. 나는 집에 있는 게 좋다. 그러나 눈이 내리면 나는 스키를 타러 간다. 스키를 탈 수 있기 때문에 나는 겨울이 좋다. <u>스키</u>는 무척 신나는 스포츠이다.

① 사계절
② 우리 가족
③ 스키
④ 스포츠

**필수 어휘**

winter 겨울 / every year 매해 / so 그래서 /
outside 밖에서 / stay 머무르다 / snow 눈이 내리다 /
go skiing 스키를 타러 가다 / because 왜냐면 /
exciting 신나는 / sport 운동

**해설**

빈칸의 앞 문장에서 겨울을 좋아하는 이유가 스키를 탈 수 있기 때문이라 했고 그 다음 문장에 '스키 타기는 신나는 운동이다'라고 앞 문장에 대한 이유가 나와야 자연스럽게 이어지게 되므로 밑줄 친 It이 가리키는 것은 ③번 skiing입니다.

### B

나는 새로 산 스마트폰이 마음에 든다. 나는 숙제를 할 때 스마트폰을 이용할 수 있다. 어디서든 <u>그것(스마트폰)</u>으로 정보를 찾을 수 있다. 친구들에게 이메일을 보낼 수 있다. 물론, 전화도 할 수 있다. 마치 내 손에 작은 컴퓨터를 가지고 있는 것과 같다.

① 새로 산 스마트폰
② 컴퓨터
③ 새로 산 카메라
④ 숙제

**필수 어휘**

new 새로운 / smart phone 스마트폰 / use 사용하다 /
homework 숙제 / find 찾다 / information 정보 /
anywhere 어디서나 / send 보내다 / email 이메일 /
of course 물론 / make a phone call 전화를 하다 /
like ~같은

첫 문장 '새로 산 스마트폰이 참 마음에 든다'라는 것이 이 글의 주제로 그 이후의 문장들은 마음에 드는 이유들입니다. 스마트폰을 사용하여 어디에서나 필요한 정보를 찾을 수 있는 것도 그 이유 중 하나이므로 밑줄 친 it이 가리키는 것은 ①번 a new smart phone 입니다.

## 실전 유형 평가     pp.128-133

**1.** ②   **2.** ③   **3.** ①   **4.** ③   **5.** ③   **6.** ①
**7.** ②   **8.** ③   **9.** ④   **10.** ③   **11.** ①   **12.** ②

### 1.

아이들은 수업이 끝나면 여러 가지 활동들을 한다. 아이들은 오후에 바쁘다. 어떤 아이들은 방과 후 프로그램을 한다. 어떤 아이들은 축구, 야구, 농구 같은 운동을 즐긴다. 아이들은 친구들과 좋아하는 일들을 한다.

**필수 어휘**

activities 활동들 / busy 바쁜 / some 어떤 사람들 /
after school program 방과 후 프로그램 /
others 다른 사람들 / enjoy 즐기다 / like ~같은 /
soccer 축구 / baseball 야구 / basketball 농구 /
favorite 가장 좋아하는

**해설**

어린이들이 방과 후에 어떤 활동을 누구와 함께 어떻게 하고 있는지에 대한 내용이므로 주제는 ②번입니다.

### 2.

사람들은 서로 다른 취미를 갖고 있다. 사람들은 여유 시간에 여러 가지 취미를 즐긴다. 어떤 사람들은 축구나 하이킹 같은 스포츠를 즐긴다. 어떤 사람들은 영화를 보거나 독서를 즐겨 한다. 당신은 어떤 취미를 갖고 있는가?

**필수 어휘**

different 다른 / hobbies 취미들 /
many kinds of 많은 종류의 / during ~동안 /
free time 자유 시간 / some 어떤 사람들 / like ~같은 /
hiking 도보여행 / others 다른 사람들 /
watching movies 영화 보는 것 /
reading books 책 읽는 것

**해설**

사람들은 다양한 취미 활동을 하는데 언제, 어떤 활동을 하고 있는지에 대한 글이므로 주제로 가장 적절한 것은 ③번입니다.

### 3.

나는 하루에 보통 5교시 수업이 있다. 나는 우리 수학 선생님이 좋다. 선생님은 내게 무척 친절하다. 내게 미소를 지어 준다. 나는 종종 선생님에게 질문을 한다. 선생님은 모든 질문에 친절하게 답해 준다. 그래서 나는 어려운 문제가 생기면 수업 시간에 선생님께 간다. 나는 우리 수학 선생님이 좋다.

**필수 어휘**

usually 보통 / a day 하루에 / math 수학 / kind 친절한 /
smile at ~에게 미소를 짓다 / often 자주 / ask 질문하다 /
question 문제 / kindly 친절하게 / answer 답을 하다 /
all 모두 / difficult 어려운

**해설**

여러 가지 수학 선생님의 좋은 모습들을 묘사함으로써 수학 선생님이 좋은 이유를 설명하고 있으므로 글의 요지는 ①번입니다.

### 4.

안녕 친구들,

이번 토요일 아침에 너희들과 축구를 하고 싶어. 운동장에서 오전 11시에 만나자. 축구 유니폼을 입고 축구화를 신고 와. 너희가 이번 경기에 왔으면 좋겠어. 그때 보자. 안녕!

네 친구,
종민이가

**필수 어휘**

I'd like to ~. 나는 ~을 하고 싶다. /
this Saturday morning 이번 주 토요일 아침 /
playground 운동장 / please ~해주세요 / wear 입다 /
uniform 유니폼 / shoes 신발 / hope 바라다 /
See you then. 그때 만나자.

**해설**

토요일에 같이 축구를 하자고 만날 장소와 시간, 복장 등에 대해 설명해 주고 있는 편지 글이므로 글을 쓴 목적은 ③번입니다.

5.

사람들은 컴퓨터를 사용한다. 많은 사람들이 컴퓨터를 가지고 일한다. 아이들도 역시 컴퓨터를 사용한다. 하지만 몇몇 아이들은 너무 밤늦게까지 컴퓨터 게임을 한다. 그러고 나서 다음날 아침에 늦게 일어난다. 아이들은 컴퓨터 게임을 너무 많이 하면 안 된다.



people 사람들 / use 사용하다 / too late 너무 늦게 /
at night 밤에 / then 그러고 나서 / get up 기상하다 /
the next morning 그 다음날 아침 /
should not 하면 안 된다 / too many 너무 많은



어린이들이 컴퓨터 게임을 너무 많이 했을 때 생기는 안 좋은 점들에 대해 말하고 있는 내용이므로 글의 주장으로 가장 적절한 것은 ③번입니다.

6.

세계 동물원(World Zoo)의 규칙
세계 동물원에 오신 걸 환영합니다! 저희 동물원에는 몇 가지 규칙이 있습니다. 동물들에게 소리 지르지 마세요. 그리고 동물들은 각자 먹이가 있으니까 동물들에게 먹이를 주지 마세요. 저희 세계 동물원에서 즐거운 시간을 보내시기 바랍니다.



rule 규칙 / Do not ~. ~하지 마세요. /
shout at ~에게 소리치다 / feed 먹이다 / because 왜냐면 /
their own food 그들 각자의 먹이 / hope 바라다 /
have a good time 좋은 시간을 보내다



환영의 인사말, 동물원에 왔을 때 지켜야 할 규칙들, 동물들에게 먹을 것을 주면 안 되는 이유는 언급되어 있지만 동물원의 위치는 언급되어 있지 않으므로 정답은 ①번입니다.

7.

사람들은 날마다 컴퓨터를 사용한다. 그들은 (컴퓨터) 스크린을 본다. 그들은 스크린에서 이미지나 글을 본다. 그들은 키보드로 타이핑을 한다. 그들은 스크린에서 커서를 옮기기 위해 마우스를 사용한다.



people 사람들 / use 사용하다 / every day 매일 /
look at ~을 보다 / screen (컴퓨터) 화면 /
images 이미지들 / text 글 / type 타이핑하다 /
move 움직이다



①번 컴퓨터 화면과 그 안의 이미지와 글, ③번 키보드, ④번 마우스의 특징은 언급되어 있지만, 컴퓨터 본체는 따로 언급되어 있지 않으므로 정답은 ②번입니다.

8.

캠핑 갑시다!
이제 여름입니다! 캠핑을 갈 시기입니다.
한 캠프(Han Camp)에서 멋진 주말을 보낼 수 있습니다.
* 텐트를 가져 오세요.
* 가족과 함께 야영지에서 요리를 할 수 있습니다.
* 더 많은 정보가 필요하시면 245-236-8380으로 전화주세요.



go camping 캠핑하러 가다 / weekend 주말 /
please 해 주세요 / bring 가져오다 / campsite 캠프장 /
more information 더 많은 정보 / us 우리들에게



텐트는 각자 가져와야 한다고 하고 있으므로 내용과 일치하지 않는 것은 ③번입니다.

9.

아이들은 음악 수업을 좋아한다. 아이들은 음악 시간에 아름다운 멜로디와 신나는 박자를 공부한다. 또한 그들은 음악 시간에 피아노, 바이올린, 드럼 연주를 배운다. 그러면 그들은 학교에서나 집에서 음악을 즐긴다.



children 어린이들 / music 음악 / class 수업 /
learn 배우다 / melodies 멜로디들 / exciting 신나는 /
rhythm 리듬 / also 또한 /
learn how to ~하는 법을 배우다 / at school 학교에서 /
at home 집에서



어린이들이 학교와 집에서 모두 음악을 즐긴다고 했으므로 내용과 일치하지 않는 것은 ④번입니다.

## 10.

여러분은 샌드위치를 만들 줄 아나요? 먼저, 가스레인지에 프라이팬을 올리세요. 그런 다음 빵을 팬에 올리고 굽습니다. 다음으로, 팬에 달걀을 부칩니다. 마지막으로 부친 달걀과 햄, 치즈, 그리고 야채를 구운 빵 사이에 넣고 맛있게 먹으면 됩니다!



sandwich 샌드위치 / first 우선 /
put ~ on ~을 ~위에 놓다 / frying pan 프라이팬 /
stove 가스레인지 / then 그러고 나서 /
slices of bread 빵 조각들 / toast 굽다 / next 다음에 /
fry (기름에) 튀기다 / last 마지막으로 / vegetables 야채 /
between ~사이에



샌드위치를 만들기 위해서 프라이팬을 가스레인지에 올려놓은 후에 (C), 빵 (A), 계란 (B)을 조리하고 마지막으로 재료들을 빵 사이에 모두 넣어서 완성하는 (D) 순서로 되어 있는 ③번이 정답입니다.

## 11.

제인(Jane)은 어린아이다. 제인은 장난감 강아지와 노는 걸 좋아한다. 그녀는 언제나 그 장난감 강아지를 들고 다닌다. 제인은 장난감 강아지를 들고 나가 벤치에 앉는다. 개 한 마리가 그녀의 장난감 강아지 쪽으로 걸어온다. 갑자기 그 개가 장난감 강아지를 보고 짖는다. 제인은 겁이 나서 운다.

① 그 개
② 제인의 강아지 인형
③ 제인
④ 제인의 친구



child 어린이 / toy dog 장난감 개 / always 항상 /
hold 잡다 / go out 외출하다 / bench 벤치 /
toward ~를 향하여 / suddenly 갑자기 /
bark at ~에게 짖어 대다 / scared 두려운 / cry out 울다



밑줄 친 바로 앞 문장에서 모르는 개가 Jane과 Jane의 장난감 개 앞으로 걸어왔고 밑줄 친 것이 장난감 개를 향해 짖었다고 했으므로 정답은 ①번입니다.

## 12.

내게는 오래된 컴퓨터가 한 대 있다. 그 컴퓨터는 제대로 작동하지 않아서 나는 그 컴퓨터를 싫어한다. 가끔은 스크린이 꺼져서 아무런 정보도 찾을 수가 없고, 숙제도 할 수가 없다. 나는 새 컴퓨터를 사고 싶다. 나는 더 이상 이 오래된 컴퓨터를 사용하고 싶지 않다.

① 모니터 스크린
② 오래된 컴퓨터
③ 숙제
④ 새 컴퓨터



old 오래된 / hate 싫어하다 / because 왜냐면 /
work 작동하다 / well 잘 / sometimes 가끔 /
screen 화면 / shut down 꺼지다 / find 찾다 /
information 정보 / one (어떤) 것 /
do one's homework ~의 숙제를 하다 / anymore 더 이상



밑줄 친 문장 앞에서 나는 오래된 컴퓨터를 가지고 있다고 했고, 그것이 잘 작동하지 않아 싫다고 말하고 있으므로, 밑줄 친 it 이 가리키는 것은 ②번입니다.